意味段落をベースに、本文の内容や論展開、要旨を整理したものを用意しました。要点となる箇所を埋めていく空欄補充形式で、本文全体の構成や展開、内容を把握することができます。

⑤**内容の理解**　客観問題と記述問題とをバランスよく用意し、本文読解にあたって、重要な点を押さえられるようにしました。

◇教科書の学習と関連づける

⑥**帯**　「漢字・語句」の上部に教科書の本文掲載ページ・行を示す帯、「内容の理解」の上部に意味段落を示す帯を付け、教科書と照合しやすくしました。

⑦**脚問・学習**　教科書の「脚問」「学習の手引き」「活動の手引き」と関連した問いの下部に、アイコン（▼脚問1）を付けました。

◆本書の特色

❶**新傾向問題**　「内容の理解」で、最近の入試傾向をふまえ、会話形式や条件付き記述などの問いを、適宜設定しました。

❷**活動**　教科書収録教材を主体的に学習する特集ページを設けました。

❸**ウェブコンテンツ**　漢字の設問を、ウェブ上で繰り返し取り組めるように、二次元コードを設置しました。

❹**付録**　実用文・グラフ等を読み解く際のポイント解説と実践問題を用意しました。

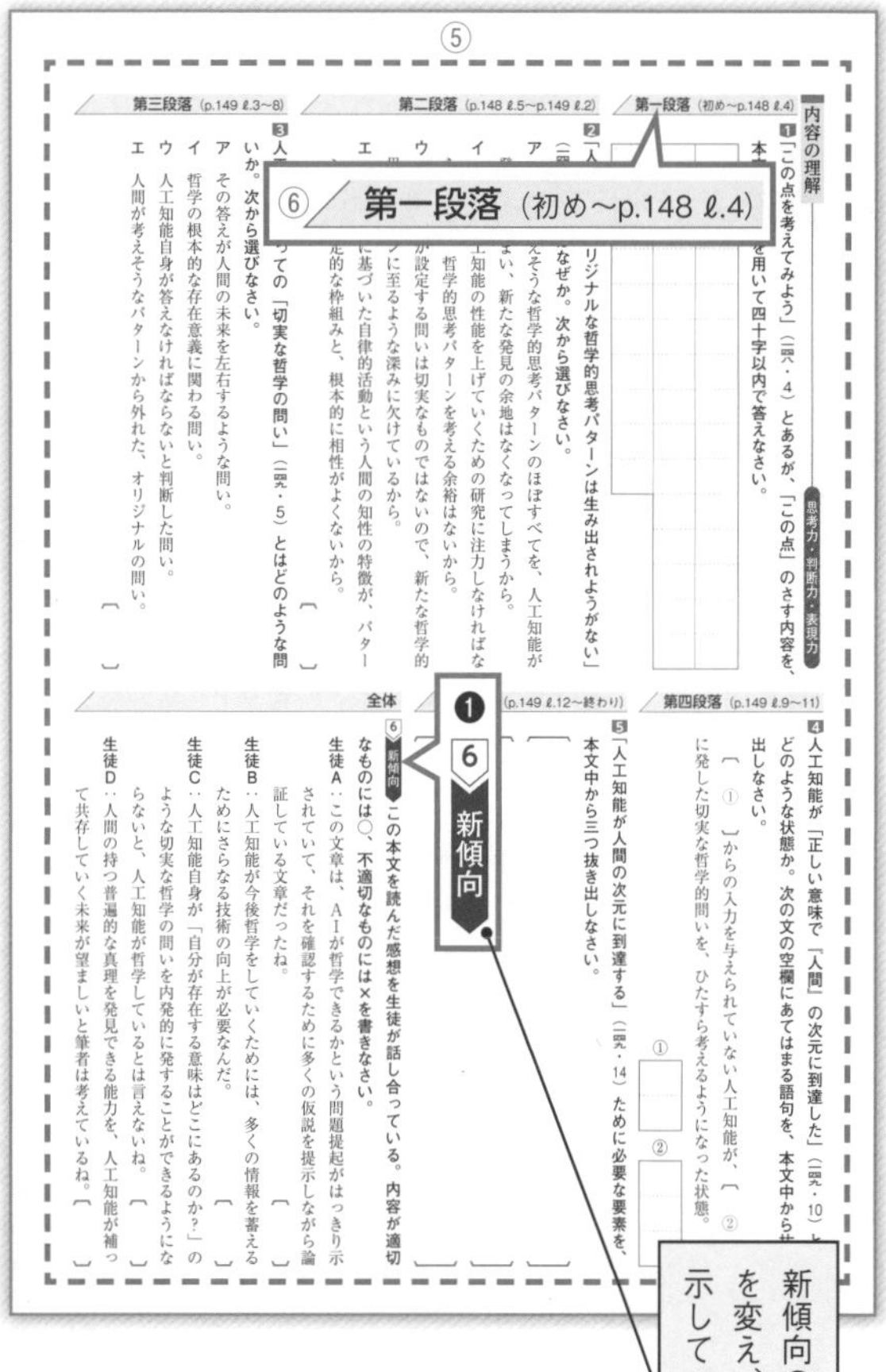

表現編

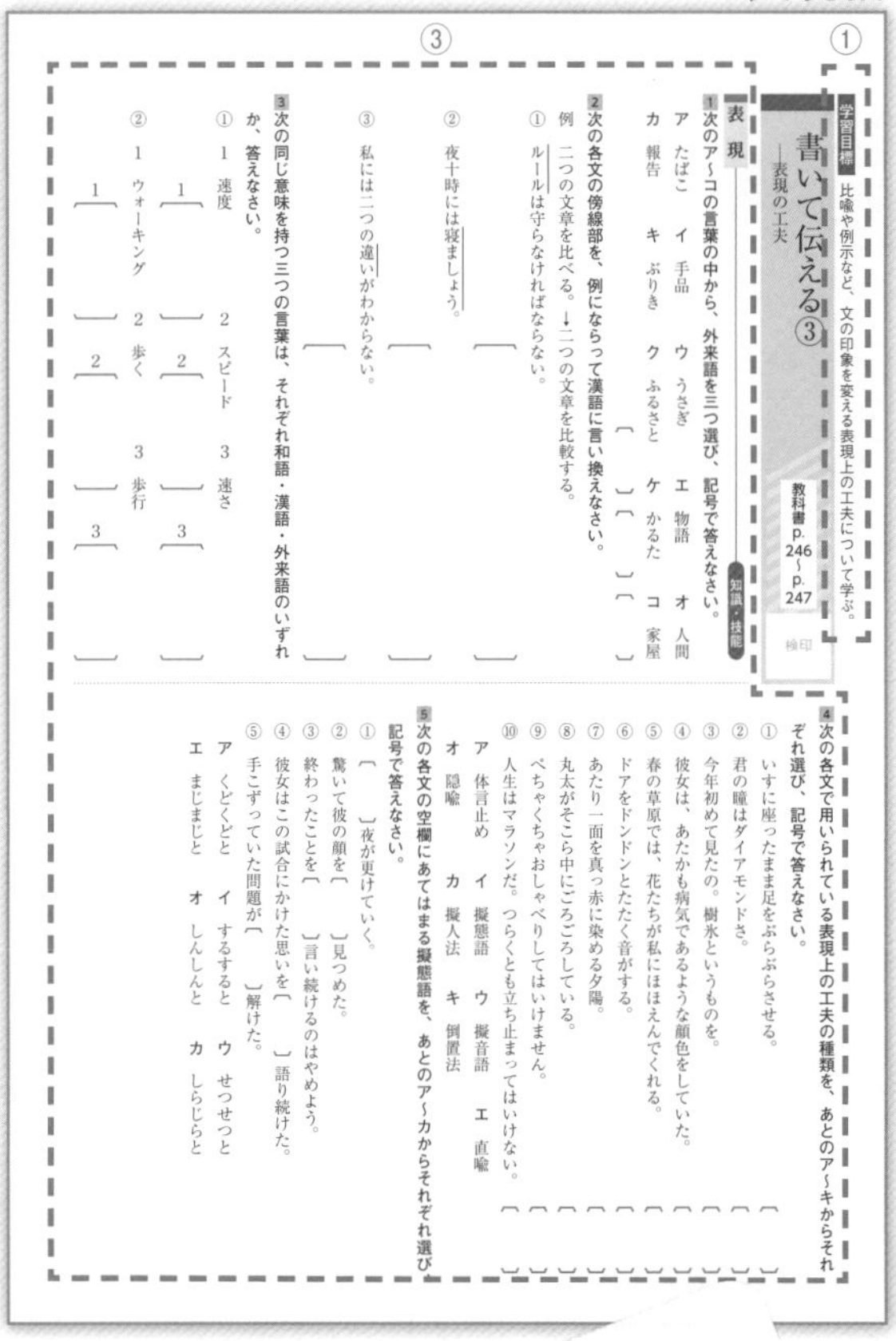

目次

理解編

表現編

付録

プラスウェブ

下にある二次元コードから、ウェブコンテンツの一覧画面に進むことができます。

https://dg-w.jp/b/8860001

学習目標　本文の内容や論理の展開を捉え、現代社会の問題点と筆者の提案する人間の生き方を読み取る。

「生きもの」として生きる（中村桂子）

教科書p.12〜p.17

検印

漢字　知識・技能

1 太字の仮名を漢字に直しなさい。

p.12 ℓ.1 ①現代社会の**きばん**〔　　〕。
ℓ.6 ②**しんせん**〔　　〕な空気。
ℓ.8 ③時計を**なが**〔　　〕める。
p.13 ℓ.4 ④文明を**てんかん**〔　　〕する。
ℓ.14 ⑤**れいぞうこ**〔　　〕に入れる。
ℓ.14 ⑥**しょうみ**〔　　〕期限を確認する。
p.14 ℓ.4 ⑦**えいせい**〔　　〕的な場所。
ℓ.4 ⑧工場で**せいぞう**〔　　〕する。
ℓ.10 ⑨食品が**ふはい**〔　　〕する。
ℓ.10 ⑩**きけん**〔　　〕性を知る。
ℓ.12 ⑪**びょうげんきん**〔　　〕や毒物。
p.15 ℓ.5 ⑫数字を**いんさつ**〔　　〕する。
ℓ.6 ⑬数字に**ふ**〔　　〕り回される。
ℓ.12 ⑭**ふんいき**〔　　〕がよい。
p.16 ℓ.2 ⑮感覚が**にぶ**〔　　〕る。
ℓ.4 ⑯機械に**たよ**〔　　〕る。
ℓ.6 ⑰具体策を**ていあん**〔　　〕する。

2 太字の漢字の読みを記しなさい。

p.12 ℓ.8 ①**腕**〔　　〕の時計を見る。
ℓ.9 ②**地下街**〔　　〕を歩く。
ℓ.9 ③人工の**照明**〔　　〕。
p.13 ℓ.1 ④社会を**変革**〔　　〕する。
ℓ.6 ⑤自然**再生**〔　　〕エネルギー。
ℓ.7 ⑥必要性を**唱**〔　　〕える。
ℓ.11 ⑦解決を**図**〔　　〕る。
ℓ.14 ⑧期限を**越**〔　　〕える。
p.14 ℓ.6 ⑨科学的と**称**〔　　〕する。
ℓ.7 ⑩科学を**盲信**〔　　〕する。
ℓ.9 ⑪**微生物**〔　　〕の活動。
ℓ.14 ⑫科学による**保証**〔　　〕。
p.15 ℓ.8 ⑬科学に**触**〔　　〕れる。
p.16 ℓ.1 ⑭生きものを**比**〔　　〕べる。
ℓ.1 ⑮**嗅覚**〔　　〕が鋭い。
ℓ.6 ⑯**自律**〔　　〕的な生き方。
ℓ.8 ⑰一事が**万事**〔　　〕。

語句　知識・技能

1 次の太字の語句の意味を調べなさい。

p.12 ℓ.9 ①このホールは**終日**禁煙です。
〔　　〕
p.14 ℓ.14 ②安全を**保証**する。
〔　　〕
p.16 ℓ.6 ③**自律**的な生き方をする。
〔　　〕

2 次の空欄にあとから適語を選んで入れなさい。

p.12 ℓ.2 ①熱心に練習した。〔　　〕試合に負けた。
p.13 ℓ.3 ②議論が決裂してしまった。〔　　〕多数決で決めた。
ℓ.7 ③高性能で、〔　　〕安い機械。
ℓ.12 ④学校を休んだ。〔　　〕熱があるからだ。
（しかも　しかし　なぜなら　そこで）

3 次の語句を使って短文を作りなさい。

p.13 ℓ.4 ①切り口
〔　　〕
p.15 ℓ.13 ②鵜呑み
〔　　〕

論理の把握

思考力・判断力・表現力 ▼学習一

1 空欄に本文中の語句を入れて、内容を整理しなさい。

第一段落（初め〜p.13 ℓ.2）	第二段落（p.13 ℓ.3〜ℓ.9）	第三段落（p.13 ℓ.10〜ℓ.16）	第四段落（p.14 ℓ.1〜p.15 ℓ.16）	第五段落（p.16 ℓ.1〜終わり）
現代社会の問題点	主題の提示	主張を支えるための例示	反論を想定しての考察	まとめ
【問題点】現代社会は「人間は〔ア〕であり、自然の中にある」という考えを基盤にしてでき上がっていない。 ―日常のあり方を変革し、皆が当たり前に〔イ〕を感じられる社会を作ればよいが、近代文明社会を一気に〔ウ〕するのは難しい。	【提案】一人一人が「自分は生きものである」という〔エ〕を持つことから始め、少しずつ〔オ〕を変え、社会を変えていきませんか。	〔カ〕の大事な役割 ―私自身生物学を学んだことで、〔キ〕をすべて否定するのではなく、「生きものである」という〔ク〕を身につけることができた。 例：賞味期限を越えた食べ物がまだ食べられるかどうか、自分の鼻で、舌で、手で〔ケ〕する。	【反論の想定】鼻や舌などの「感覚」で判断することは非科学的であり、〔コ〕で表せるような「科学的」な方法で判断するべきではないか。 【考察】科学への〔サ〕…自分で考えず科学という言葉に任せているだけに見える。「科学が保証してくれているはず」という雰囲気の中で、何も考えずに数字を〔シ〕にするのではなく、〔ス〕であることを忘れずに、その力を生かすことが必要ではないか。	「人間は生きものである」ことを基本に置く生き方 ＝〔セ〕を知ったうえで、機械だけに頼らず、生きものとしての感覚をも活用する生き方＝〔ソ〕的な生き方 生きものとしての感覚を生かすと生活や社会が変わるはずである。常に自分で考え、自身の行動に〔タ〕を持ち、〔チ〕的な暮らし方をすることが、「生きものとして生きる」ことの第一歩である。

要旨

思考力・判断力・表現力

1 空欄に本文中の語句を入れて、全体の要旨を整理しなさい。

現代社会が「人間は〔ア〕であり、自然の中にある」という考えを基盤としていないことは問題である。まずは一人一人が「自分は生きものである」という〔イ〕を持ち、日常生活を変え、社会を変えていけばよいのだが、人々は「科学的」な判断方法を〔ウ〕し、自らの「感覚」で判断することを怠っているのではないか。〔エ〕を知ったうえで、生きものとしての感覚をも活用することによって、人々の生活や〔オ〕は変わっていくはずである。

2 右を参考にして、要旨を百字以内にまとめなさい。

内容の理解

第一段落（初め～p.13 ℓ.2）

思考力・判断力・表現力

1 「この当たり前のこと」（三・4）とはどのようなことか。解答欄の形式に合うように、本文中から十八字で抜き出しなさい。

［　　　　　　　　　　］こと。

2 「その日常のあり方」（三・1）を具体的に述べているひと続きの二文を本文中から抜き出し、初めと終わりの五字で答えなさい。（句読点を含む）

［　　　　　］～［　　　　　］

3 新傾向 「ここまで来た近代文明社会」（三・2）とは、どのような社会か。次の条件を満たすように答えなさい。

・全体を二十字以内で書くこと。
・「生きもの」という言葉を用いて、「～社会。」に続く形で書くこと。

［　　　　　　　　　　］

4 筆者は第一段落でどういうことを問題だと述べているか。適当なものを次から選びなさい。 ▼学習一

ア 「人間は生きものであり、自然の中にある」という事実を誰もが知っていること。
イ 私たちの日常生活において、生きものであるという実感が得にくいこと。
ウ 現代社会が時計や人工照明など数多くの科学の恩恵の上に成り立っていること。
エ 生きものにとって、眠ったり食べたり歩いたりという日常が重要であること。

【　　】

第二段落（p.13 ℓ.3～p.13 ℓ.9）

5 「あまり意味がありません。」（三・7）とあるが、その理由として適当なものを次から選びなさい。 ▼脚問1

ア 近代文明社会を一気に変換させるためには、個人ではなく世界的な規模で交換しないと無意味だから。
イ エネルギーについて、脱原発や自然再生エネルギーへの転換を実現するのは不可能だから。
ウ 個人の意識が変わらないまま、社会問題の解決への対策を唱えても実現は難しいから。
エ 生きものとしての感覚は、生物学の分野で学んだ人だけが身につけることのできる感覚だから。

【　　】

6 「日常をそれで生きていける」（三・13）の「それ」の内容として適当なものを次から選びなさい。

ア 賞味期限についての記載を無視すること。
イ 生物学の分野で学んでおくこと。
ウ 近代文明をすべて否定して生きていくこと。
エ 生きものとしての感覚を身につけること。

【　　】

第三段落（p.13 ℓ.10～p.13 ℓ.16）

7 「自分の鼻で、舌で、手で確認します。」（三・15）とあるが、「鼻」「舌」「手」は、それぞれ何を意味しているか。次からそれぞれ選びなさい。

ア 視覚　イ 嗅覚　ウ 聴覚
エ 味覚　オ 触覚

鼻【　　】舌【　　】手【　　】

第四段落 (p.14 ℓ.1〜p.15 ℓ.16)

8 「鼻や舌などの『感覚』で判断するとはなんと非科学的な……『科学的』でなければいけないのではないか」（四・1〜2）と言われることについて、次の問いに答えなさい。

(1) 「科学的」の説明として適当でないものを次から選びなさい。

ア　多くの場合、数字で表すことができる。
イ　安全性の目安として絶対的に信頼できる。
ウ　腐敗や毒物の生成などの危険性を知らせることができる。
エ　常にチェックできるわけではなく保証には限界がある。

〔　　〕

(2) 一般的に「科学的」と称される判断のしかたについて、筆者はどのように感じているか。同じ形式段落の中から二十一字で抜き出しなさい。

第五段落

9 「それに従うことが正しい暮らし方」（五・6）とあるが、「それ」の示す内容を本文中の語句を用いて三十字以内で説明しなさい。

10 「ただ『科学が保証してくれているはず』という雰囲気の中で、何も考えずに数字を鵜呑みにしている」（五・10）状態を筆者は何と述べているか。本文中から六字で抜き出しなさい。

11 「その力」（六・3）とは具体的に何をさすか。本文中から漢字二字で抜き出しなさい。

第五段落 (p.16 ℓ.1〜終わり)

12 「科学を知ったうえで、……活用する」（六・3〜4）ことを、具体的に述べている部分を、第五段落から四十字以内で抜き出しなさい。

13 「自律的な生き方」（六・6）とは、どのような生き方か。三十字以内で説明しなさい。 ▼脚問3

全体

14 新傾向 本文に関して四人の生徒が発言している。筆者の主張に合致した発言をしている生徒をすべて選びなさい。

生徒A：どんなに科学が発達しても、生きものであるということを自覚し、その能力を活用することが大事だよ。
生徒B：科学は人間にとって重要な力だけど、科学を盲信するだけの生き方は無責任だよね。
生徒C：今のところ科学は万能ではないのだから、今以上に科学を推し進めて万能の力にすればいいということだね。
生徒D：文明は有害なのだから、なるべく文明に頼らず生きていける生命力を養わなければいけないと思ったよ。

生徒〔　　〕

学習目標　本文の内容や主題に至る論の構造を把握し、筆者の主張をつかむ。

「本当の自分」幻想（平野啓一郎）

教科書 p.19〜p.26

検印

漢字

知識・技能

1 太字の仮名を漢字に直しなさい。

p.19 ℓ.4 ①話題を**せんたく**〔　　〕する。
p.19 ℓ.7 ②ネットが**ふきゅう**〔　　〕した。
p.20 ℓ.6 ③一人**こどく**〔　　〕に過ごす。
p.20 ℓ.7 ④本音を**すいさつ**〔　　〕する。
p.21 ℓ.6 ⑤**いわかん**〔　　〕を覚えた。
p.21 ℓ.11 ⑥従うには**ていこう**〔　　〕がある。
p.22 ℓ.2 ⑦**きゅうくつ**〔　　〕に感じる。
p.22 ℓ.16 ⑧**めんどう**〔　　〕な手続き。
p.22 ℓ.17 ⑨土地を**ぶんかつ**〔　　〕する。
p.23 ℓ.7 ⑩首尾**いっかん**〔　　〕した態度。
p.23 ℓ.8 ⑪事実と**むじゅん**〔　　〕する。
p.23 ℓ.9 ⑫**じょれつ**〔　　〕をつける。
p.24 ℓ.1 ⑬**こうちょく**〔　　〕的だ。
p.24 ℓ.5 ⑭大きく**へんよう**〔　　〕する。
p.24 ℓ.9 ⑮可能性を**はっき**〔　　〕する。
p.25 ℓ.3 ⑯複雑な**こうせい**〔　　〕。
p.25 ℓ.5 ⑰要素の**ひりつ**〔　　〕が変わる。

2 太字の漢字の読みを記しなさい。

p.19 ℓ.2 ①**穏**〔　　〕やかな人柄。
p.19 ℓ.3 ②**辛辣**〔　　〕に批評した。
p.20 ℓ.13 ③気持ちを**偽**〔　　〕る。
p.21 ℓ.4 ④あれこれ**詮索**〔　　〕する。
p.21 ℓ.14 ⑤音楽家に**詳**〔　　〕しい。
p.21 ℓ.16 ⑥政治**談義**〔　　〕で盛り上がる。
p.22 ℓ.8 ⑦**恣意**〔　　〕的に決める。
p.22 ℓ.14 ⑧現状を**肯定**〔　　〕する。
p.22 ℓ.17 ⑨**唯一無二**〔　　〕の友。
p.23 ℓ.2 ⑩英文を**翻訳**〔　　〕する。
p.23 ℓ.9 ⑪**仮面**〔　　〕をつける。
p.23 ℓ.13 ⑫コミュニケーションを**図**〔　　〕る。
p.23 ℓ.14 ⑬目の**錯覚**〔　　〕を起こす。
p.23 ℓ.17 ⑭説明に**比喩**〔　　〕を用いる。
p.24 ℓ.3 ⑮**喜怒哀楽**〔　　〕を表す。
p.24 ℓ.8 ⑯**幻想**〔　　〕にすぎない。
p.24 ℓ.10 ⑰美に**憧**〔　　〕れる。

語句

知識・技能

1 次の太字の語句の意味を調べなさい。

p.19 ℓ.3 ①**辛辣**な批評。〔　　〕
p.20 ℓ.11 ②議論が**不毛**に思えてきた。〔　　〕
p.22 ℓ.8 ③**恣意的**に決められてしまう。〔　　〕

2 次の語句の対義語を書きなさい。

p.19 ℓ.3 ①饒舌 ↔ 〔　　〕
p.21 ℓ.11 ②可視 ↔ 〔　　〕
p.21 ℓ.4 ③ネガティブ ↔ 〔　　〕
p.25 ℓ.5 ④不変 ↔ 〔　　〕

3 次の語句を使って短文を作りなさい。

p.20 ℓ.10 ①一理ある
〔　　〕
p.25 ℓ.2 ②四六時中
〔　　〕

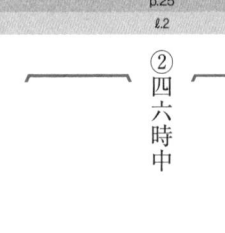

論理の把握

1 空欄に本文中の語句を入れて、内容を整理しなさい。 思考力・判断力・表現力 ▼学習一

第一段落（初め〜p.21 ℓ.5）

現実に知っている友人の姿とネットの中の友人の姿とは必ずしも〔ア　　〕しない

← リアル人格 vs.〔イ　　〕人格の真贋論争←どちらも「〔ウ　　〕」の姿ではないか

← 「個人」が持ついろいろな顔をネガティブに詮索する傾向は、現在でも存在する

第二段落（p.21 ℓ.6〜p.22 ℓ.12）

コミュニケーション＝他者との〔エ　　〕作業

↓会話の内容・口調・気分などは〔オ　　〕作用の中で決定される

（理由）コミュニケーションの成功には〔カ　　〕がある

自分の本質すなわち「本当の自分」を、他人から恣意的に〔キ　　〕される

＝自分を矮小化される↓窮屈・不安

第三段落（p.22 ℓ.13〜p.23 ℓ.6）

人間にはいくつもの顔があり、〔ク　　〕次第で自然とさまざまな自分になる

「分人」＝〔ケ　　〕関係ごとのさまざまな自分のこと

第四段落（p.23 ℓ.7〜p.24 ℓ.15）

自我は一つで、あとはキャラや〔コ　　〕、ペルソナ等にすぎないという考え方

↓間違っている（理由）①誰とも「本当の自分」でコミュニケーションを図れなくなる

②分人は相手との相互作用の中で生じ、変化し得る

③「本当の自分」には実体がなく、〔サ　　〕にすぎない

第五段落（p.24 ℓ.16〜終わり）

すべての分人＝「本当の自分」

唯一の「本当の自分」という幻想に囚われ、それを探し続ける↓苦しみとプレッシャー

人間…対人関係ごとの〔シ　　〕によって構成されている

その人らしさ…複数の分人の構成〔ス　　〕によって決定する

↓分人の構成比率が変われば〔セ　　〕も変わる

↓個性＝唯一不変のものではない・〔ソ　　〕の存在なしには生じない

「本当の自分」幻想

要旨

1 空欄に本文中の語句を入れて、全体の要旨を整理しなさい。 思考力・判断力・表現力

コミュニケーションは〔ア　　〕との共同作業であり、会話の内容などは〔イ　　〕作用の中で決定されるため、人は相手次第でさまざまな自分になる。したがって、人間は不可分な〔ウ　　〕ではなく、いろいろな顔を持つ〔エ　　〕であり、「本当の〔オ　　〕」は幻想にすぎない。複数の分人の構成比率によってその人らしさが決定され、構成比率が変われば〔カ　　〕も変わるため、個性とは〔キ　　〕の存在なしには生じないものだと言える。

2 右を参考にして、要旨を百字以内にまとめなさい。

内容の理解

思考力・判断力・表現力

第一段落（初め～p.21 ℓ.5）

1 「『アイツ、本当はああいうヤツだったんだなあ。』」（一九・6）とあるが、「ああいうヤツ」とはどのような人物のことか。次から選びなさい。

ア 温和であり、もの静かな人物。
イ 多弁であり、手厳しい意見を述べる人物。
ウ 弁が立ち、知識をひけらかす人物。
エ 口が達者で、無責任な発言ばかりする人物。

〔　　〕

2 「こういうこと」（一九・7）がさす内容を、本文中の語句を用いて三十五字以内で説明しなさい。

3 「それが可視化された」（一九・11）について、次の問いに答えなさい。

(1) 「それ」とは何をさすか。解答欄の形式に合うように、本文中から十二字で抜き出しなさい。

　　　　　　　　　　　ということ。

(2) 「可視化された」とは、ここではどういうことか。次から選びなさい。

ア インターネットを介して理解できるようになったということ。
イ インターネットによって無理矢理暴かれてしまったということ。
ウ インターネット上で見ることができるようになったということ。
エ インターネットを通して存在を知られるようになったということ。

〔　　〕

4 「リアル人格vs.ネット人格の真贋論争」（三・1）における筆者の考えはどのようなものか。本文中から二十字で抜き出しなさい。

第一段落（初め～p.21 ℓ.5）

5 「ネガティブに詮索する」（三・4）とはどういうことか。次から選びなさい。

ア 否定的に受けとめて、細かく追及すること。
イ はれものに触るように、恐る恐る扱うこと。
ウ 悪いものと決めてかかって、あれこれうわさをすること。
エ 調べて検討することに対して、消極的であること。

〔　　〕

6 「メタルは今では……止まっている」（三・12～13）にもかかわらず、筆者が「昔のハードロックやヘビーメタルの話で盛り上がった」（三・7）のはなぜか。本文中の語句を用いて説明しなさい。

第二段落（p.21 ℓ.6～p.22 ℓ.12）

7 「別の顔」（三・3）とは、ここではどういうもののことか。本文中から、十字以内で二つ抜き出しなさい。

8 「コミュニケーションは、……決定されてゆく」（三・5～6）ことの例として、適当でないものを次から選びなさい。

ア 上司に対して敬語を使って話す。
イ 相撲好きの祖父に今場所の予想を尋ねる。
ウ 常に明るく元気よく話すことを心がける。
エ 同窓会で恩師の近況が話題になる。

〔　　〕

第二段落（p.21 ℓ.6～p.22 ℓ.12）

9「その中のどれかの自分を、恣意的に『本当の姿』だと決められてしまう」（三・8）とはどういうことか。次から選びなさい。

ア　その場に合わせて選択した話題や口調などから、自分の本質を勝手に決めつけられてしまうということ。

イ　コミュニケーションをとるうえで、相手にとって常に都合のいい自分でいることを強制されるということ。

ウ　相互作用の中で浮かび上がった自分の姿を、自分の持つさまざまな顔の一つとして相手に捉えられるということ。

エ　会話を通して自分の持つさまざまな面が比較され、その中の一つが真の姿であると判断されてしまうということ。

〔　　〕

第三段落（p22. ℓ.13～p.23 ℓ.6）

10「『分人』という新しい単位」（三・4）について説明した次の文章の空欄にあてはまる語句を、本文中から抜き出して答えなさい。▼脚問4

分人とは、〔①〕ごとのさまざまな〔②〕のことである。人間は、唯一無二の〔③〕ではなく、〔④〕の分人によって構成されているとし、人間を〔⑤〕存在と見なすのが、分人という新しい単位である。

①［　　］
②［　　］
③［　　］
④［　　］
⑤［　　］

第四段落（p.23 ℓ.7～p.24 ℓ.15）

11「この考え方は間違っている。」（三・11）について、次の問いに答えなさい。

(1)「この考え方」を説明している部分を、解答欄の形式に合うように、本文中から五十字程度で抜き出し、初めと終わりの五字で答えなさい。

人間にはいくつもの顔があるが、［　　　　　］～［　　　　　］とする考え方。

(2)「間違っている。」とする理由として、適当でないものを次から選びなさい。

ア　常に仮面をつけてコミュニケーションを図り、互いに相手をだまそうとしていることになるから。

イ　分人は相手との相互作用の中で生じるものだが、それをキャラや仮面と捉えることには、表面的で硬直的な印象があるから。

ウ　分人は他者との関係性によって変化するが、その変化について仮面をつけ替えたと説明するのには無理があるから。

エ　他者とコミュニケーションを図る分人には実体があるが、唯一無二の自我というものには実体がないから。

〔　　〕

12「それは結局、幻想にすぎない。」（四・8）の「それ」がさすものを、本文中から抜き出しなさい。

〔　　　　　〕

13「その自分」（四・14）とはどのような自分か。本文中から十五字以内で抜き出しなさい。

［　　　　　　　　　　　　　　　］

第五段落（p.24 ℓ.16～終わり）

14 新傾向 本文の内容に合致する発言を次から選びなさい。

生徒A：親友との間であれば、自分の持つすべての分人を共有することができるんじゃないかな。

生徒B：唯一無二の「本当の自分」という実体のないものを探し求めている人が多いような気がするよ。

生徒C：人の個性というものは、その人がいくつの分人を持っているかによって決まるんだよね。

生徒D：他者と比較することによって個性は確認されるけれど、その個性も変わっていくよね。

生徒〔　　〕

学習目標　場面の展開をふまえ、下人がある決断をするに至るまでの行動や心理の推移を捉える。

羅生門（芥川龍之介）

教科書p.28〜p.39

検印

漢字

1 太字の仮名を漢字に直しなさい。

p.28 ℓ.2 ① 丹《に》を**ぬ**〔　　〕った柱。
p.28 ℓ.6 ② **じしん**〔　　〕が起こる。
p.28 ℓ.10 ③ **かえり**〔　　〕みる者がない。
p.29 ℓ.11 ④ **こくげん**〔　　〕が遅い。
p.30 ℓ.4 ⑤ **ひま**〔　　〕を出される。
p.30 ℓ.17 ⑥ **みちばた**〔　　〕の土の上。
p.32 ℓ.4 ⑦ **にご**〔　　〕った、黄色い光。
p.32 ℓ.10 ⑧ **むぞうさ**〔　　〕に捨てる。
p.33 ℓ.2 ⑨ 次の**しゅんかん**〔　　〕。
p.33 ℓ.14 ⑩ 激しい**ぞうお**〔　　〕の心。
p.34 ℓ.1 ⑪ なんの**みれん**〔　　〕もない。
p.35 ℓ.8 ⑫ 湯を**さ**〔　　〕ます。
p.35 ℓ.15 ⑬ **するど**〔　　〕い目つき。
p.36 ℓ.3 ⑭ 平凡さに**しつぼう**〔　　〕する。
p.37 ℓ.1 ⑮ 太刀を鞘《さや》に**おさ**〔　　〕める。
p.37 ℓ.11 ⑯ **ふい**〔　　〕に手を離す。
p.38 ℓ.8 ⑰ **ゆくえ**〔　　〕がわからない。

2 太字の漢字の読みを記しなさい。　知識・技能

p.28 ℓ.6 ① **災**〔　　〕いが起こる。
p.28 ℓ.9 ② **薪**〔　　〕の料《しろ》。
p.29 ℓ.12 ③ 門の**崩**〔　　〕れ。
p.29 ℓ.16 ④ 腰を**据**〔　　〕える。
p.30 ℓ.5 ⑤ 町が**衰微**〔　　〕する。
p.30 ℓ.8 ⑥ **空模様**〔　　〕。
p.30 ℓ.14 ⑦ 雲を**支**〔　　〕えている。
p.31 ℓ.4 ⑧ 積極的に**肯定**〔　　〕する。
p.31 ℓ.11 ⑨ 雨風の**憂**〔　　〕えがない。
p.33 ℓ.1 ⑩ 腐乱した**臭気**〔　　〕。
p.33 ℓ.3 ⑪ 嗅覚を**奪**〔　　〕った。
p.34 ℓ.14 ⑫ **慌**〔　　〕てふためいた。
p.35 ℓ.9 ⑬ 仕事が**成就**〔　　〕する。
p.36 ℓ.3 ⑭ **存外**〔　　〕平凡な答え。
p.36 ℓ.4 ⑮ **気色**〔　　〕が先方へ通じる。
p.37 ℓ.5 ⑯ 老婆を**捕**〔　　〕らえたとき。
p.38 ℓ.2 ⑰ はしごを**駆**〔　　〕け下りた。

語句

1 次の太字の語句の意味を調べなさい。　知識・技能

p.31 ℓ.2 ① 何度も同じ道を**低回**する。
〔　　〕

p.33 ℓ.8 ② **暫時**は息をするのさえ忘れていた。
〔　　〕

2 次の空欄にあとから適語を選んで入れなさい。

p.30 ℓ.3 ① ふだんなら、〔　　〕、主人の家へ帰るべきはずである。
p.31 ℓ.13 ② 上なら、人がいたにしても、〔　　〕死人ばかりである。
p.34 ℓ.1 ③ 〔　　〕下人は、なんの未練もなく、飢え死にを選んだことであろう。

（もちろん　おそらく　どうせ）

3 次の語句を使って短文を作りなさい。

p.32 ℓ.3 ① たかをくくる
〔　　〕

p.33 ℓ.15 ② 語弊がある
〔　　〕

展開の把握

1 次の空欄に本文中の語句を入れ、各場面における下人の行動や心理をまとめなさい。

第一段落（初め～ p.31 ℓ.15）	第二段落（p.31 ℓ.16～p.34 ℓ.8）	第三段落（p.34 ℓ.9～p.38 ℓ.2）	第四段落（p.38 ℓ.3～終わり）
羅生門の〔ア　　〕で	羅生門楼上へ出る〔カ　　〕で	羅生門の楼上で	羅生門の〔シ　　〕へ
主人から（イ　　）を出された下人 ＝行く先がない ↓ （ウ　　）を待っていた （エ　　）する （オ　　）になる → 選択しかねている	下人 楼上に人の気配を察し、息を殺しながら上の様子をうかがう。 ＝ 老婆が死人の（キ　　）を抜いているのを見た （ク　　）に対する反感 → 勢いよく燃え上がった	下人 → 老婆を捕らえる 「何をしていたか」 「それはなぜか」 ・悪いことをした者は悪いことをされても大目に見てくれる ・飢え死にしないために（ケ　　）する悪は許される → 老婆の論理 → （コ　　）になる勇気が生まれる 老婆から（サ　　）を奪い、はしごを駆け下りる	外には、（ス　　）たる夜があるばかりである。 下人の（セ　　）は、誰も知らない。

2 次の空欄に第一段落中の語句を入れて、場面設定と主人公の人物設定をまとめなさい。 思考力・判断力・表現力

場面設定

- 場所　（ア　　）の下
- 時代　（イ　　）朝
- 季節　夕冷え・（ウ　　）が欲しいほどの寒さ　↓秋
- 時間　（エ　　）・（オ　　）・（カ　　）

主人公の人物設定

- 呼び方　（キ　　）
- 年齢　右の頬に（ク　　）＝若い
- 境遇　主人から（ケ　　）を出された

主題

●次の空欄に本文中の語句を入れて、全体の主題を整理しなさい。 思考力・判断力・表現力

主人に暇を出され、行く先のない下人は、（ア　　）の下で雨やみを待っている。途方に暮れていた下人は、（イ　　）をするか（ウ　　）になるか選びかねていた。楼の上で正義感から老婆を捕らえたが、（エ　　）に対する悪は許される、しかたがなくする（オ　　）は許されるという老婆の言い分を契機に、（カ　　）になる勇気を持つ。災いや飢饉《ききん》が続き、世の中が乱れているという極限状況において、人間の心理がいかなるものであるかを描いている。

内容の理解

思考力・判断力・表現力

第一段落（初め～p.31 ℓ.15）

1 **「そのかわり……来るのである。」（二九・3～10）における「からす」の描写はどのような雰囲気を表しているか。次から選びなさい。** ▼脚問2

ア 明るい様子　イ 優雅な様子
ウ 無気味な様子　エ 騒々しい様子　［　　］

2 **「雨は、羅生門を包んで、……雲を支えている。」（三〇・13～15）という描写は、どのような効果をもたらしているか。次から選びなさい。**

ア 雨がだんだんひどくなり、あたりが暗くなっていく様子を強調する効果。
イ 空模様と同様に、下人の心情も暗く重苦しいものであることを暗示する効果。
ウ 羅生門の情景描写を間にはさむことで、下人の視点を離れて客観的に状況を描き出す効果。
エ 平安時代という時代が、暗くじめじめしていた時代であると思わせる効果。　［　　］

3 **「しかしこの『すれば』……であった。」（三一・2～3）とは、具体的にどのようなことか。説明されている部分の初めと終わりの六字で答えなさい。（句読点は含めない）**

［　　　　　　］～［　　　　　　］

第二段落（p.31 ℓ.16～p.34 ℓ.8）

4 **作者が「下人」の呼び方を「一人の男」（三一・16）に変えた理由として最も適切なものを次から選びなさい。** ▼脚問4

ア 呼び方を変えることによって、単調な文章に変化を出すため。
イ 客観的に表現し直すことによって、下人に改めて焦点を当てるため。
ウ 下人の孤独な境遇を強調することで、読者の関心を引きつけるため。
エ 下人の男性的な側面を示唆し、小説の展開を読者に予測させるため。　［　　］

第二段落（p.31 ℓ.16～p.34 ℓ.8）

5 **「下人は、初めから、……くっていた。」（三三・2～3）と同じ内容の文をこれ以前から探し、そのまま書き抜きなさい。**

［　　　　　　　　］

6 **「ある強い感情」（三三・2）は、この部分よりあとで、どのように言い換えられているか。本文中から十五字以内で抜き出しなさい。** ▼脚問6

［　　　　　　　　　　　　　　　］

7 **「猿のような老婆」（三三・5）について、次の問いに答えなさい。**

(1) **比喩の種類を漢字で答えなさい。**　［　　　　］

(2) **どのような老婆か。次から選びなさい。**

ア 猿のように運動神経が発達していて、年齢のわりには敏捷《びんしょう》な老婆。
イ 猿のように顔がしわくちゃで、愛嬌《あいきょう》のある動きをする老婆。
ウ 猿のようにうずくまり、小さくなっている異様な老婆。
エ 猿のように落ち着きなく、動き回っている老婆。　［　　］

8 **「その髪の毛が、一本ずつ抜けるのに従って、下人の心からは、恐怖が少しずつ消えていった」（三三・13）のはなぜか。次から選びなさい。**

ア 老婆が何をしているかがわかってきたから。
イ 闇夜の暗さや羅生門の無気味さに慣れてきたから。
ウ 老婆よりも自分のほうが強いということがわかってきたから。
エ 目の前の光景が現実ではないように思われたから。　［　　］

9 **「下人は、なんの未練もなく、飢え死にを選んだことであろう。」（三四・1）とあるが、下人に「飢え死に」を選ばせる感情とはどのような感情か。本文中から十字程度で抜き出しなさい。**

［　　　　　　　　　　］

第三段落（p.34 ℓ.9〜p.38 ℓ.2）

10「安らかな得意と満足」（三五・9）とは、この場合どのようなことに対する満足か。次から選びなさい。

ア　怪しい老婆をたやすく取り押さえたことに対する満足感。
イ　老婆が何をしていたか明白になったことに対する満足感。
ウ　老婆の生死を左右することができることに対する満足感。
エ　老婆よりも自分のほうが幸せであることに対する満足感。〔　　〕

11「冷ややかな侮蔑」（三六・4）の心が生まれてきたのはなぜか。本文中の語句を用いて、二十字以内で説明しなさい。

12 老婆の語る論理「なるほどな、……見てくれるであろ。」（三六・7〜16）について、論理の要点を二十五字程度で二点にまとめなさい。

13「ある勇気」（三七・3）とは、どのような勇気か。本文中の語句を用いて、九字以内で説明しなさい。▼脚問11

14「この老婆を捕らえたときの勇気」（三七・5）とは、どのような勇気か。本文中の語句を用いて、二十五字以内で説明しなさい。

第三段落（p.34 ℓ.9〜p.38 ℓ.2）

15「下人は嘲るような声で念を押した」（三七・10）のはなぜか。次から選びなさい。▼脚問12

ア　下人は盗人になる決断をしたものの、老婆の言ったことが愚かしく思え、そんな考えで大丈夫であろうかと疑念を抱いたから。
イ　下人は盗人になる決断をしたが、このような老婆の言葉に左右された自分が愚かしく思えたから。
ウ　下人が盗人になる決断をしたことに、老婆は全く気づいていない様子なので、気づかせようとしたから。
エ　下人が盗人になる決心を後押ししたことも、その最初の被害者になることも気づかない老婆を見下す気持ちが湧いたから。〔　　〕

16「俺もそうしなければ、飢え死にをする体なのだ。」（三七・13）と言った下人は、どのような理屈を考えたのか。解答欄の形式に合うように、十五字以内で答えなさい。

は許される。

第四段落（p.38 ℓ.3〜終わり）

17 新傾向　第四段落について、本文の内容を正しく捉えていない感想を発言している生徒を、次から選びなさい。

生徒A：「裸の体を起こした」から、全てを失った老婆が改心して生きてゆくことが暗示されているんだね。
生徒B：生きるためとはいえ、悪を行った下人がどのような人生をたどるか、それぞれが考えるように仕向けているんだね。
生徒C：「黒洞々たる夜があるばかり」と書くことで、不吉さが感じられ、下人の将来が暗いものになるだろうと想像できるね。
生徒D：下人の行方をはっきりと書かないことで、読者の心に引っかかる作品の余韻を感じるね。

生徒〔　　〕

学習目標　東西の対比関係を整理し、日本の水文化に見られる特徴を読み取る。

水の東西（山崎正和）

教科書p.42～p.47

検印

漢字

1 太字の仮名を漢字に直しなさい。

①（p.42 ℓ.3）**きんちょう**〔　　〕が高まる。
②（p.42 ℓ.4）ぐらりと**かたむ**〔　　〕く。
③（p.42 ℓ.6）**たんじゅん**〔　　〕なリズム。
④（p.42 ℓ.8）くぐもった**おんきょう**〔　　〕。
⑤（p.42 ℓ.8）時を**きざ**〔　　〕む。
⑥（p.43 ℓ.3）人を**しょうかい**〔　　〕する。
⑦（p.43 ℓ.14）噴水の**む**〔　　〕れ。
⑧（p.43 ℓ.16）バロック**ちょうこく**〔　　〕。
⑨（p.45 ℓ.5）池を**ほ**〔　　〕る。
⑩（p.45 ℓ.11）間が**ぬ**〔　　〕ける。
⑪（p.45 ℓ.13）空気が**かわ**〔　　〕く。
⑫（p.46 ℓ.1）**あっしゅく**〔　　〕する。
⑬（p.46 ℓ.1）**ねんど**〔　　〕をこねる。
⑭（p.46 ℓ.3）西洋人と**ちが**〔　　〕う。
⑮（p.46 ℓ.5）感性が**うら**〔　　〕づける。
⑯（p.46 ℓ.5）**じゅどう**〔　　〕的な態度。
⑰（p.46 ℓ.9）**だんぞく**〔　　〕する音。

2 太字の漢字の読みを記しなさい。

知識・技能

①（p.42 ℓ.6）**緩**〔　　〕やかなリズム。
②（p.42 ℓ.7）**徒労**〔　　〕が繰り返される。
③（p.42 ℓ.8）庭の**静寂**〔　　〕。
④（p.42 ℓ.10）鹿おどしの**仕掛**〔　　〕け。
⑤（p.43 ℓ.2）**待合室**〔　　〕で見る。
⑥（p.43 ℓ.3）**素朴**〔　　〕な響き。
⑦（p.43 ℓ.6）長い**間隔**〔　　〕。
⑧（p.43 ℓ.7）**華**〔　　〕やかな噴水。
⑨（p.43 ℓ.12）**至**〔　　〕る所に噴水がある。
⑩（p.43 ℓ.13）趣向を**凝**〔　　〕らす。
⑪（p.43 ℓ.13）ローマの**郊外**〔　　〕。
⑫（p.43 ℓ.14）**添**〔　　〕えものにすぎない。
⑬（p.43 ℓ.15）**林立**〔　　〕する噴水。
⑭（p.43 ℓ.16）**揺**〔　　〕れ動く。
⑮（p.45 ℓ.12）表情に**乏**〔　　〕しい。
⑯（p.46 ℓ.10）水を**鑑賞**〔　　〕する。
⑰（p.46 ℓ.11）行為の**極致**〔　　〕。

語句

1 次の太字の語句の意味を調べなさい。

知識・技能

①（p.42 ℓ.1）**けだるさ**を感じる。
〔　　〕
②（p.43 ℓ.12）**名のある**庭園。
〔　　〕
③（p.43 ℓ.13）**趣向を凝らす**。
〔　　〕

2 次の語句の対義語を書きなさい。

①（p.42 ℓ.6）単純 ↕〔　　〕
②（p.45 ℓ.14）有利 ↕〔　　〕
③（p.46 ℓ.15）人工 ↕〔　　〕
④（p.46 ℓ.15）外面的 ↕〔　　〕
⑤（p.46 ℓ.5）受動的 ↕〔　　〕
⑥（p.46 ℓ.5）積極的 ↕〔　　〕

3 次の語句を使って短文を作りなさい。

①（p.42 ℓ.8）いやがうえにも
〔　　〕
②（p.43 ℓ.16）さながら
〔　　〕

論理の把握

思考力・判断力・表現力

1 空欄に本文中の語句を入れて、内容を整理しなさい。

第四段落	第三段落	第二段落	第一段落
(p.46 ℓ.2〜終わり)	(p.45 ℓ.2〜p.46 ℓ.1)	(p.43 ℓ.1〜p.45 ℓ.1)	(初め〜p.42 ℓ.11)

[東]

鹿《しし》おどし の紹介

単純な、緩やかなリズムの繰り返し

↓

〔ア　〕ものを感じさせる

ニューヨークではあまり顧みられない ↔ [西] 〔イ　〕が人々をくつろがせる

〔ウ　〕水 ↔ 〔エ　〕水

風景の中心・壮大な水の造型

(バロック彫刻さながら)

〔オ　〕に静止している

〔カ　〕な水 ↔ 〔キ　〕な水

日本の伝統の中には噴水は少ない

←(理由)

水は〔ク　〕に流れる姿が美しい ↔ 水は造型の対象

←

日本人の好み

水にはそれ自体として定まった形はない

↓

〔ケ　〕ものを恐れない　(〔コ　〕ものを恐れる)

〔サ　〕水 ↔ 〔シ　〕水

水を鑑賞する行為の極致

要旨

思考力・判断力・表現力

1 空欄に本文中の語句を入れて、全体の要旨を整理しなさい。

「鹿おどし」は我々に〔ア　〕を感じさせる。一方、西洋の噴水は、噴き上げる水と言え、水が〔イ　〕に静止して見える造型と言えるが、「鹿おどし」が〔ウ　〕の間隔により流れを感じさせ、〔エ　〕的な水であるのと対照的である。日本人は形のない水を〔オ　〕水として本性のままに受け入れたが、西洋では造型の対象として〔カ　〕水として定着させた。「鹿おどし」は、日本人が水を鑑賞する極致の仕掛けだと言える。

2 右を参考にして、要旨を百字以内にまとめなさい。

内容の理解

思考力・判断力・表現力

第一段落（初め～p.42 ℓ.11）

1 筆者が鹿おどしに「なんとなく人生のけだるさのようなものを感じる」（四二・1）のは、鹿おどしのどのような様子からか。第一段落から二点抜き出し、解答欄に合うよう、それぞれ初めと終わりの五字で答えなさい。

［　　　　　］～［　　　　　］様子。
［　　　　　］～［　　　　　］様子。

2 「くぐもった優しい音」（四二・5）は、どんなことを印象づけるか。本文中から十字で抜き出しなさい。

［　　　　　　　　　　］

3 「くぐもった音響が……いやがうえにも引き立てる」（四二・8）と同じような述べ方をしている部分を本文中から抜き出し、初めと終わりの五字で答えなさい。

［　　　　　］～［　　　　　］

4 「それ」（四二・10）の指示内容を本文中から抜き出しなさい。▼脚問2

［　　　　　　　　　　］

5 新傾向 第一段落の内容に関して四人の生徒が発言している。筆者の主張に合致した発言をしている生徒をすべて選びなさい。

生徒A：「けだるさ」「徒労」などネガティブな言葉を用いているし、筆者は鹿おどしが嫌いなんだと思う。
生徒B：鹿おどしの外見や動き、立てる音などが、目に見えるように丁寧に描写されているね。
生徒C：華やかな西洋の噴水と比べ、鹿おどしの地味で退屈な感じをわざと否定的に強調しているのがわかる。
生徒D：流れる水、時を刻む水、という後の本文に通じる内容が、鹿おどしによって示されているよ。

生徒［　　　　］

第二段落（p.43 ℓ.1～p.45 ℓ.1）

6 「華やかな噴水のほうが、……くつろがせていた。」（四三・7～9）とあるが、その理由を次から選びなさい。

ア 単純で素朴なものより、華やかなもののほうが人目を引くから。
イ 多忙な生活の中では芸術性豊かなものが心にしみ入るから。
ウ 都市では繰り返すリズムがかえってせわしなく聞こえるから。
エ 直接視覚で感じ取れる美のほうが多忙な生活に合うから。［　　］

7 「壮大な水の造型」（四三・15）を言い換えている部分を、本文中から十字で抜き出しなさい。

［　　　　　　　　　　］

8 「音を立てて空間に静止している」（四三・16）とほぼ同意の部分を、本文中から十五字以内で抜き出しなさい。▼脚問3

［　　　　　　　　　　　　　　　］

第三段落（p.45 ℓ.2～p.46 ℓ.1）

9 「日本の噴水はやはり西洋のものほど美しくない。」（四五・9）について、次の問いに答えなさい。

(1)それはなぜか。その理由を次から選びなさい。

ア せせらぎや滝、池を人工的に作る技術がないから。
イ 西洋の方が空気が乾いていて、噴水が引き立つから。
ウ 噴水が近代に至るまで作られておらず、伝統が乏しいから。
エ 街の広場が少なく、作る場所がなかったから。［　　］

(2)その結果どうなったかを、本文中の語句を用いて二十五字以内で答えなさい。

［　　　　　　　　　　　　　　　　　　　　　　　　　］

第三段落（p.45 ℓ.2〜p.46 ℓ.1）

10 「日本人が、噴水を作らなかった理由」（四五・15）について、外面的な理由を二つ記しなさい。 ▼脚問4

〔　　　〕〔　　　〕

11 「日本人が、噴水を作らなかった理由」（四五・15）とあるが、「日本人」の「西洋人と違った独特の好み」（四六・3）という観点から述べられている理由を、本文中の語句を用いて三十五字以内で答えなさい。

第四段落（p.46 ℓ.2〜終わり）

12 「思想以前の感性」（四六・4）が具体的にさしている部分を本文中から二十字以内で抜き出しなさい。

13 「もし、流れを……ないと言える。」（四六・8〜9）について、「水を見る必要さえない」理由を次から選びなさい。

ア　水の流れるという性質はすでに理解しているから、改めて目で見なくても、水の流れる様子を十分に想像できるから。

イ　断続する音の響きを聞くだけで、その間隙に「流れるもの」を間接に心で味わうことができるから。

ウ　水の流れを純粋に実感しようとするときには、実際に流れる水を見ることがかえって想像力をはたらかせる妨げになるから。

エ　「行雲流水」という言葉のように、ものにこだわらず自由な発想があるため、見えないものを見抜くことができるから。　〔　　〕

14 「断続する音の響きを聞いて、……間接に心で味わえばよい。」（四六・9〜10）とはどのようなことか。次から選びなさい。

ア　「鹿おどし」の音を聞き、流れる水が水受けにたまっていく様子を眺め、静かな心持ちで、次の音を聞くこと。

イ　「鹿おどし」の音を聞き、水が水受けにたまるかどうかというようなことは気にもせず、何も考えないで、次の音を聞くこと。

ウ　「鹿おどし」の音を聞き、水がどのように流れているかをイメージしながら次の音を聞くこと。

エ　「鹿おどし」の音を聞き、流れる水が形あるものに変化するのを見ながら次の音を聞くこと。　〔　　〕

15 「『鹿おどし』は、日本人が水を鑑賞する行為の極致を表す仕掛けだと言える」（四六・10）のはなぜか。本文中の語句を用いて、二十五字以内で答えなさい。 ▼学習三

全体

16 「流れる水と、噴き上げる水。」（四四・10）、「時間的な水と、空間的な水。」（四五・2）、「見えない水と、目に見える水。」（四六・7）の対句表現が文章展開上果たしている役割は何か、次の中から二つ選びなさい。 ▼学習二

ア　東西文化の対比の提示

イ　東西文化の優劣の提示

ウ　対句表現の前後での話題の転換

エ　意味段落内の内容を象徴的にまとめる　〔　　〕〔　　〕

活動　『水の東西』を表現の工夫に着目して読む

教科書p.42～p.47

検印

▼活動一

『水の東西』で筆者は、鹿おどしと噴水との対比から導いた自身の感想を、広く日本人全般が持つ「感性」へと一般化して述べるという表現上の工夫を施している。【会話文】は、『水の東西』の学習を終え、筆者の表現の工夫についてクラスで話し合いをしている様子である。

【会話文】

教　師：『水の東西』を学習した感想を発表してみよう。

生徒A：第一段落では、鹿おどしの持つ雰囲気が丁寧に描写されていて、鹿おどしの音を本当に聞いているような気持ちになった。

生徒B：でも、本文で述べられていることは、あくまで①筆者個人の感情であって、日本人全般の感情とは言えないような気がした。

生徒C：たしかに［　A　］などは筆者の主観が強く反映された部分だよね。

生徒D：私も、筆者の結論である「日本人が独特な好みを持っている」というところは、本当に日本人はみんな、そんな好みを持っているのかなと感じたよ。

教　師：なるほど。第一段落は「鹿おどし」、第二段落は「噴水」に対する筆者の感想が中心に述べられていて、第三、第四段落から、日本と西洋の文化や風土、西洋人や日本人の「感性」へと話が広がっていく。単なる個人の感想ではなくて、東西の文化全般に通底するものがあるというのが筆者の主張だけど、みんなはそこに違和感を覚えたんだね。

生徒A：そういえば、第三段落や第四段落の文末は、「考えられる」「思われる」「のであろう」のように、②断定を避ける言い方が多いね。

生徒B：結論も「言えるかもしれない」だね。前半は筆者が自分で見聞きしたものだけれど、後半はあくまで仮説であることを示したいのかもしれないな。

生徒C：でも筆者の言うとおり、たしかに日本庭園に人工の池や川はあっても、噴水は少ないよね。日本人が読めば納得できる内容が多いし、単なる個人の感想を超えた文化論と言っていいと思う。

生徒D：水に対してだけじゃなくて、時間と空間の考え方も文化から影響を受けるというのも納得できたよ。

教　師：そう読者に読ませる、説得力のある文章であることが大事だね。

生徒A：そのほかに、第一段落と第四段落に「我々」という主語が出てくるね。「我々」は一人称だから「私」の延長と考えられるけど、本文ではむしろ「［　B　］」に近い意味で用いられているように感じた。

教　師：いいところに気がついたね。実はここに、テーマを一般化させようとする筆者の意図があると考えることができる。

生徒B：「一般化」とはどういうことですか。

教　師：簡単に言えば「全体に通用させること」だね。③「我々」という主語を用いることで、どのようにそれが可能になるかを考えてみよう。

内容の理解

思考力・判断力・表現力

1 **傍線部①「筆者個人の感情」とあるが、第二段落**（四三・1〜四五・1）**から、噴水に対して感じた「筆者個人の感情」を述べた表現を七字で抜き出しなさい。**

2 **空欄Aにあてはまる『水の東西』中の一文を次から選びなさい。**

ア　かわいらしい竹のシーソーの一端に水受けがついていて、それに筧の水が少しずつたまる。

イ　そういえばヨーロッパでもアメリカでも、町の広場には至る所に見事な噴水があった。

ウ　そのせいか東京でも大阪でも、町の広場はどことなく間が抜けて、表情に乏しいのである。

エ　「行雲流水」という仏教的な言葉があるが、そういう思想はむしろ思想以前の感性によって裏づけられていた。

〔　　〕

3 **傍線部②「断定を避ける言い方」について、次の問いに答えなさい。**

(1) 第四段落（四六・2〜11）**から、文末が「断定を避ける言い方」になっている箇所を四字で抜き出しなさい。**

(2)「断定を避ける言い方」から読み取れる表現の工夫について、四人の生徒が話し合いをしている。適切な発言をしているのは誰か。次から選びなさい。

生徒A：筆者が欧米で鹿おどしや噴水を見た記憶が曖昧であることを読み手に伝えて、判断が不確かである可能性を示唆しているね。

生徒B：「間が抜けて、表情に乏しい」など悪口が多いから、責任を取りたくないんじゃないかな。

生徒C：持論に自信はあるけれど、日本人らしい謙虚さをアピールするためにわざと控えめな書き方をしているのでしょう。

生徒D：自分の感想を日本人全体の感性にまで広めるところに論理の飛躍があることを自覚しているから、あえて断定を避けているような気がする。

生徒〔　　〕

4 **空欄Bにあてはまる言葉を『水の東西』中から三字で抜き出しなさい。**

5 **傍線部③「『我々』という主語」について、筆者が結論部分に「我々」という表現を用いたことで、どのようなことが可能になっているのか。次の(1)〜(3)の条件を満たすように答えなさい。**

条件

(1) 三十字以内で書くこと。（句読点を含む）

(2) 「『我々』という表現を用いたことで、……ことが可能になっている。」という解答欄の形式に合うように書くこと。

(3) 「日本人」「一般化」という語句を用いること。

「我々」という表現を用いたことで、

ことが可能になっている。

学習目標　具体と抽象の関係に着目して本文を読解し、筆者の述べる言語の性質を捉える。

ものとことば（鈴木孝夫）

教科書 p.49～p.56

検印

漢字　知識・技能

1 太字の仮名を漢字に直しなさい。

① げんこう（　　）用紙。（p.49 ℓ.4）
② ざつぜん（　　）と散らかる。（p.49 ℓ.4）
③ ぶんぼうぐ（　　）を買う。（p.49 ℓ.5）
④ こゆう（　　）の名称を持つ。（p.50 ℓ.1）
⑤ びみょう（　　）なこと。（p.50 ℓ.4）
⑥ てきせつ（　　）なことば。（p.50 ℓ.5）
⑦ 言語がこと（　　）なる。（p.51 ℓ.3）
⑧ しんねん（　　）を持つ。（p.51 ℓ.10）
⑨ てつがく（　　）者。（p.51 ℓ.11）
⑩ じゅんすい（　　）な動機。（p.52 ℓ.5）
⑪ ことばのこうぞう（　　）。（p.52 ℓ.15）
⑫ 世界をはあく（　　）する。（p.53 ℓ.1）
⑬ ガラスのくっせつ（　　）率。（p.53 ℓ.4）
⑭ もののけいたい（　　）や色彩。（p.53 ℓ.16）
⑮ 決定するよういん（　　）。（p.54 ℓ.15）
⑯ 人間に特有なかんてん（　　）。（p.55 ℓ.2）
⑰ 働きをにな（　　）う。（p.55 ℓ.6）

2 太字の漢字の読みを記しなさい。

① ワイシャツと靴下（　　）。（p.49 ℓ.7）
② 多岐（　　）にわたる。（p.49 ℓ.10）
③ 昆虫（　　）の種類。（p.49 ℓ.11）
④ 膨大（　　）な数。（p.50 ℓ.1）
⑤ 具合（　　）が悪い。（p.50 ℓ.14）
⑥ 網目（　　）の中に押し込む。（p.50 ℓ.15）
⑦ 森羅万象（　　）。（p.50 ℓ.16）
⑧ 確（　　）たる実感。（p.51 ℓ.1）
⑨ 前提（　　）をふまえる。（p.51 ℓ.10）
⑩ 専門的に扱（　　）う。（p.51 ℓ.11）
⑪ レッテルの相違（　　）。（p.52 ℓ.2）
⑫ 唯名（　　）論と実念論。（p.52 ℓ.4）
⑬ 素材（　　）としての世界。（p.53 ℓ.1）
⑭ 机を定義（　　）する。（p.53 ℓ.9）
⑮ 日本間に座（　　）る。（p.53 ℓ.14）
⑯ 机の脚の有無（　　）。（p.53 ℓ.16）
⑰ 虚構（　　）の分節。（p.55 ℓ.5）

語句　知識・技能

1 次の太字の語句の意味を調べなさい。

① 私たちの素朴な実感であろう。（p.51 ℓ.1）
（　　）
② 多くの人が持つ認識。（p.55 ℓ.4）
（　　）
③ 渾沌とした切れ目のない素材の世界。（p.55 ℓ.4）
（　　）

2 次の語句の対義語を書きなさい。

① 結果 ↔（　　）（p.51 ℓ.14）
② 唯名論 ↔（　　）（p.52 ℓ.4）
③ 抽象的 ↔（　　）（p.53 ℓ.7）
④ 外見 ↔（　　）（p.53 ℓ.16）
⑤ 相対的 ↔（　　）（p.54 ℓ.13）

3 次の語句を使って短文を作りなさい。

① ～せざるを得ない（p.52 ℓ.15）
（　　）
② ～にほかならない（p.53 ℓ.2）
（　　）

論理の把握　思考力・判断力・表現力　▼学習一

1 空欄に本文中の語句を入れて、内容を整理しなさい。

前半	後半		
第一・第二段落（初め～p.51 ℓ.10）	第三段落（p.51 ℓ.11～p.53 ℓ.6）	第四段落（p.53 ℓ.7～p.55 ℓ.3）	第五段落（p.55 ℓ.4～終わり）

前提

ア〔　　　　〕論

・もの（こと）があれば、必ずそれを呼ぶ名としてのことばがある

・イ〔　　　　〕ものが、国が違いウ〔　　　　〕が異なれば、全く違ったことばで呼ばれる

↔対比

筆者

エ〔　　　　〕論

・ことばがオ〔　　　　〕をあらしめている

・異なった名称は、かなりカ〔　　　　〕ものを私たちに提示している

→ことばは、私たちの世界キ〔　　　　〕の手がかりであり、唯一の窓口である

←ことばのク〔　　　　〕やしくみが違えば、認識されるケ〔　　　　〕も変化する

「机」の例……そこに机というものがあるように思うのは、ことばの力による

ことばのはたらき

＝人間の見地から、人間にとってコ〔　　　　〕と思われるしかたで、サ〔　　　　〕の分節を与える

結論

言語とは、常に生成しシ〔　　　　〕している世界を、整然と区分されたものやことの集合であるかのように、人間に提示してみせるス〔　　　　〕を本質的に持っている

要旨　思考力・判断力・表現力

1 空欄に本文中の語句を入れて、全体の要旨を整理しなさい。

一般に「ア〔　　　　〕があり、それに名がついている。」「同一のものが、イ〔　　　　〕が異なれば別のことばで呼ばれる。」と考えられている。しかし、「ウ〔　　　　〕がものをあらしめている」のであり、「異なった名称は、エ〔　　　　〕ものを私たちに提示する」という見方もある。ことばは私たちが世界をオ〔　　　　〕する窓口であり、私たちはことばによって世界を分節している。ことばは、流動する世界を整然と区分された姿で人間に提示してみせるカ〔　　　　〕を持っている。

2 右を参考にして、要旨を百字以内にまとめなさい。

内容の理解

思考力・判断力・表現力

第一段落（初め〜p.51 ℓ.1）

1 「ものやことの数、そしてそれに対応することばの数は、……単なる総和にとどまらない」（五〇・8〜9）のはなぜか。理由を説明した次の文章の空欄にあてはまる語句を、後から選びなさい。

ある一種類のものはいくつもの〔①〕からできていて、さらにその〔①〕はいろいろな〔②〕からできている、というようにどんどん細かくなっていき、そのすべてに〔③〕をつけることになるから。

（ア 材料　イ 名前　ウ 部品）

①〔　　〕②〔　　〕③〔　　〕

第二段落（p.51 ℓ.2〜p.51 ℓ.10）

2 「『同じものが、国が違い言語が異なれば、全く違ったことばで呼ばれる。』という認識」（五一・3）は、私たちのどのような感覚と結びついているか。次から選びなさい。

ア　日本語で「イヌ」、中国語で「狗」、英語で「dog」などと異なることばで呼んでも、さしているものは同じ「犬」という動物である。

イ　日本語で「イヌ」、中国語で「狗」、英語で「dog」などと異なることばで呼ぶので、さしているものが同じ「犬」という動物であるとは限らない。

ウ　日本語で「イヌ」、中国語で「狗」、英語で「dog」などと異なることばで呼ぶので、さしているものは異なる「犬」という動物である。

エ　日本語で「イヌ」、中国語で「狗」、英語で「dog」などと異なることばで呼ぶので、さしているものが同じ「犬」という動物であるかどうかよくわからない。

〔　　〕

第三段落

3 「このような前提」（五一・12）の内容を、二点にまとめなさい。

〔　　〕

〔　　〕

第三段落（p.51 ℓ.11〜p.53 ℓ.6）

4 「次のように考えている。」（五一・14）とあるが、どのように考えているのか。二点にまとめなさい。

〔　　〕

〔　　〕

5 「唯名論と実念論」（五二・4）とあるが、次にあげたことはどちらに該当するか。記号で分類しなさい。

ア　「初めにことばありき」

イ　ものという存在がまずある。

ウ　ことばがものをあらしめている。

エ　ことばがなければ、犬も猫も区別できないはずだ。

オ　筆者の考え方

カ　私たちの素朴な実感

唯名論〔　　〕　実念論〔　　〕

6 「ことばがものをあらしめる」（五二・9）とはどういうことか。説明として適当なものを次から選びなさい。

ア　ことばがあることによって、新たにものが存在し、そのものを私たちが認識できるということ。

イ　ことばがあることによって、ものや性質を認識し、他から区別することができるということ。

ウ　ことばがあることによって、ものや性質を新たに生み出し、認識することができるということ。

エ　ことばがあることによって、ものや性質を区別することなく、ありのままに認識できるということ。

〔　　〕

第三段落 (p.51 ℓ.11〜p.53 ℓ.6)

7 「ことばの構造やしくみが違えば、認識される対象も当然ある程度変化せざるを得ない」(五三・15) のはなぜか。理由を述べている一文を抜き出し、初めと終わりの五字で答えなさい。(句読点を含む)

〜

8 「ことばは人間が……当然である。」(五三・3〜5) とあるが、「窓の大きさ、形、そして窓ガラスの色、屈折率など」は、どのようなことの比喩となっているか。本文中から抜き出して答えなさい。

〔　　　　〕

第四段落 (p.53 ℓ.7〜p.55 ℓ.3)

9 「机」について、「外見的具体的な特徴から定義することは、ほとんど不可能である」(五三・16) と述べているが、なぜか。理由に当たる部分を本文中から六十字以内で抜き出し、初めと終わりの五字で答えなさい。

〜

10 「机」の定義の例について、「机ということばで表されるものを決定する要因」(五四・14) は、どのようなものであると述べられているか。本文中から四十五字以内で抜き出し、初めと終わりの五字で答えなさい。

〜

11 「机というものをあらしめているのは、全く人間に特有な観点」(五五・1) であるとは、どういうことか。次から選びなさい。

ア 「机」を作ることができるのは人間だけであるから、人間によって「机」は存在するということ。

イ どのような時代の、どのような国であっても、人間がいる限り「机」は存在するということ。

ウ 人間との関係によって、人間がそのものを「机」と名づけることで、「机」は存在するということ。

エ 他の動物から見れば「机」には別の名が与えられるため、人間によって「机」は存在するということ。

〔　　〕

12 「ことばというものは、……担っている。」(五五・4〜6) について、次の問いに答えなさい。

(1) 「人間の見地」とあるが、これは第四段落のどの部分と関連しているか。初めと終わりの五字を抜き出しなさい。(句読点を含む)

〜

第五段落 (p.55 ℓ.4〜終わり)

(2) 「人間にとって有意義と思われるしかたで、虚構の分節を与え、そして分類する」とは、どのようなことか。次から選びなさい。 ▼脚問7

ア 実際には何ら切れ目のないものごとを、人間にとって都合よく区別することによって、たえず新たなことばを作ること。

イ 整然と区分されたものごとを、人間にとって有利になるようにことばで整理しなおし、新たな世界を生み出すこと。

ウ 実際には何ら切れ目のないものごとを、人間にとって意味があるようにことばで区別し、世界を整然としたものに見せること。

エ 整然と区分されたものごとを、人間にとって価値があるようにより細かく分類し、世界をものごとの集合体のように見せること。

〔　　〕

13 「言語とはたえず……虚構性を本質的に持っているのである。」(五五・6〜8) とはどのようなことを示唆しているか。次から選びなさい。

ア 人間はやがてことばから離れ、ことばのない世界で生きていく。

イ 人間は新たな世界を創造し、新たなことばを作り上げていく。

ウ 人間はことばがなくても、ものごとを考え、作り上げていく。

エ 人間はことばによって常に新たに世界を認識し、考えていく。

〔　　〕

学習目標 時間軸に注意しながら内容を捉え、一冊の本に対する三人の人間の思いを整理する。

砂に埋もれたル・コルビュジエ（原田マハ）

教科書p.58～p.69

検印

漢字

1 太字の仮名を漢字に直しなさい。

p.58 ℓ.1 ①**にんち**〔　　〕症の父。
p.59 ℓ.2 ②会社に**つと**〔　　〕める。
p.59 ℓ.3 ③父は思い**こ**〔　　〕んでいた。
p.59 ℓ.4 ④**せっけい**〔　　〕事務所。
p.59 ℓ.7 ⑤**しゅうしょく**〔　　〕試験。
p.62 ℓ.10 ⑥独特の**ひっち**〔　　〕で描かれる。
p.62 ℓ.17 ⑦家と**かたてもの**〔　　〕。
p.64 ℓ.7 ⑧笑みを**う**〔　　〕かべる。
p.64 ℓ.14 ⑨**てつがく**〔　　〕書を読む。
p.64 ℓ.16 ⑩**かくめい**〔　　〕的な先人。
p.65 ℓ.4 ⑪**えんぴつ**〔　　〕で書く。
p.65 ℓ.17 ⑫**ふしぎ**〔　　〕なことを言う。
p.66 ℓ.11 ⑬**はいぞく**〔　　〕が決まる。
p.66 ℓ.17 ⑭戦地へ**おもむ**〔　　〕く。
p.67 ℓ.1 ⑮**じごく**〔　　〕絵図と化す。
p.67 ℓ.9 ⑯砂に穴を**ほ**〔　　〕る。
p.68 ℓ.10 ⑰背中に**だ**〔　　〕きつく。

2 太字の漢字の読みを記しなさい。 知識・技能

p.58 ℓ.1 ①郷里に**戻**〔　　〕る。
p.58 ℓ.10 ②所長に**挨拶**〔　　〕に行く。
p.58 ℓ.12 ③**焦**〔　　〕りを感じ始める。
p.59 ℓ.1 ④**余計**〔　　〕なことをするな。
p.59 ℓ.17 ⑤それと**断定**〔　　〕される。
p.60 ℓ.4 ⑥**自嘲**〔　　〕気味に言う。
p.60 ℓ.9 ⑦**居間**〔　　〕を飛び出す。
p.60 ℓ.17 ⑧本や**雑誌**〔　　〕を読む。
p.64 ℓ.3 ⑨**好奇心**〔　　〕いっぱい。
p.64 ℓ.7 ⑩どことなく**寂**〔　　〕しそうだ。
p.64 ℓ.11 ⑪黒一色の**装丁**〔　　〕の本。
p.65 ℓ.6 ⑫父の**老眼鏡**〔　　〕。
p.66 ℓ.13 ⑬**覚悟**〔　　〕を決める。
p.67 ℓ.1 ⑭敵軍に**包囲**〔　　〕された。
p.67 ℓ.5 ⑮巻き**添**〔　　〕えになる。
p.67 ℓ.8 ⑯**背負**〔　　〕っていたリュック。
p.68 ℓ.8 ⑰**照**〔　　〕れくさそうな顔。

語句

1 次の太字の語句の意味を調べなさい。 知識・技能

p.59 ℓ.10 ①私が**憮然**《ぶぜん》として言う。
〔　　　　〕
p.60 ℓ.4 ②**自嘲**気味につけ加えた。
〔　　　　〕
p.64 ℓ.10 ③本棚を**漫然**と眺める。
〔　　　　〕

2 次の空欄にあとから適語を選んで入れなさい。

p.59 ℓ.2 ①〔　　〕居心地のよい職場なのだろう。
p.64 ℓ.12 ②和訳本で、〔　　〕読むことができた。
p.64 ℓ.15 ③今では別段〔　　〕もない。
p.67 ℓ.14 ④どこをどうさまよったのか、〔　　〕わからない。

（目新しく　さぞや　さっぱり　難なく）

3 次の語句を使って短文を作りなさい。

p.58 ℓ.7 ①ひと息つく
〔　　　　〕
p.60 ℓ.2 ②手がける
〔　　　　〕

展開の把握

1 次の空欄に本文中の語句を入れ、内容を整理しなさい。

前書き （初め〜p.58 ℓ.7）	第一段落 （p.58 ℓ.8〜p.60 ℓ.17）	第二段落 （p.61 ℓ.1〜p.64 ℓ.9）	第三段落 （p.64 ℓ.10〜p.68 ℓ.8）	後書き （p.68 ℓ.9〜終わり）
（現在）				（現在）
	（回想①）		（回想①）	
いなくなった父	帰省時の父との会話①	（回想②） 父の夢	帰省時の父との会話②	見つかった父
私 郷里に帰る↑三か月前の（ア　　）の病死がきっかけ （イ　　）の父との二人暮らし↓父の姿が見えなくなってしまう	私 本当は、自分で（ウ　　）を作れる人になりたかった。 やりたいことができるところへ行けるほど才能もチャンスもなかった。 「もう遅いけどね。」 父　私 「遅うねぇじゃろ。わしだってやっとるくらいじゃけん……。」 「お父さんの（エ　　）とはレベルが違うんだよ！」	父 ほんまのことを言えば、（オ　　）になりたかった。 （理由）家で働いていた正司さんに憧れたため 正司さんから一冊の本『（カ　　）』をもらう＝宝物 私　父 その本、どこにあるの？ （キ　　）に、置いてきてしもうたけえ……。	私　父 （ク　　）に、自分の買った『輝く都市』を見つけ、父に見せる 「（ケ　　）のんは、砂に埋めてきたけえ。」 終戦直前に南方の前線に飛ばされたとき、『輝く都市』を持っていく 敵に包囲され逃げ場がない ↓この（コ　　）には生き延びてほしいと、（サ　　）に埋める （理由）「輝く都市」が日本に、世界のあちこちにできたらいい。 みんな、笑って、（シ　　）に暮らせたらいい。	私 （ス　　）ものを感じて東町の公園へと向かう （セ　　）にたたずむ父の指先から、乾いた砂の感覚が伝わってきた

2 次の空欄に本文中の語句を入れて、場面の設定と登場人物の設定をまとめなさい。 思考力・判断力・表現力

場面の設定

場所　眞砂子（私）と（ア　　）が住む自宅。

いつ　前書き・後書き…現在

第一段落…（イ　　）ほど前。

第二段落…私が高校（ウ　　）のとき。

第三段落…（エ　　）ほど前。

登場人物の設定

眞砂子（私）　東京の美大を卒業→建築事務所→郷里

父　終戦直前に（オ　　）の前線へ→現場監督→認知症

正司さん　父の家で雇われていた（カ　　）。

主題　思考力・判断力・表現力

●次の空欄に本文中の語句を入れて、全体の主題を整理しなさい。

認知症の父の失踪をきっかけに眞砂子（私）は、十年ほど前の（ア　　）との会話を思い出す。父はかつて、建築家の夢をあきらめた職人の（イ　　）さんから『（ウ　　）』という本をもらった。父はそれを戦地に持って行き、命が危うくなったとき、この本を浜辺の（エ　　）を掘って埋めた。きっとまた（オ　　）、それが人間というものだと思ったのかもしれないと照れくさそうな顔で笑った（カ　　）の言葉が、今「私」の心にしみ入っている。

内容の理解

思考力・判断力・表現力

第一段落（p.58 ℓ.8〜p.60 ℓ.17）

1 「父は意外そうだった。」（五九・3）とあるが、父は何を「意外」に感じたのか。適切なものを次から選びなさい。

ア 「私」が今の仕事に満足していないこと。
イ 「私」が所長に挨拶に行きたいという父の申し出を断ったこと。
ウ 「私」が婚期や仕事のことで焦りを感じていること。
エ 「私」が自分でモノを作りたいと思っていること。

〔　　〕

2 「私のやりたかったこと」（五九・9）について、次の問いに答えなさい。

(1) 「私のやりたかったこと」とはどんなことか。十五字以上二十五字以内で書きなさい。

(2) 「私」は、やりたかったことがやれなかった理由は何だと思っているか。解答欄の形式に合うように、本文中から十二字で抜き出しなさい。

から。

3 「お父さんの日曜大工とはレベルが違うんだよ！」（六〇・8）という言葉に込められている私の気持ちを次から選びなさい。 脚問1

ア 自分が今建築事務所でやっている仕事ですら、日曜大工よりも専門性が必要だと父を憐れむ気持ち。
イ 自分がやりたいインテリアデザインの仕事は、日曜大工のように一人でできることではないと落胆する気持ち。
ウ 建築事務所で扱っている建築や設計と、父の趣味のモノづくりは比較できないと互いの仕事を尊重する気持ち。
エ 自分の志す必要な仕事と、素人がやる日曜大工とは専門性などが比べ物にならないと父を軽侮する気持ち。

〔　　〕

第二段落（p.61 ℓ.1〜p.64 ℓ.9）

4 「わしゃあ、ほんまのことを言えば、建築家になりたかった。」（六一・1）とあるが、父はなぜ建築家になりたかったのか。次から選びなさい。

ア 『輝く都市』という未来の都市を描いた本に出会ったから。
イ 父親が地元では名の知れた大工の棟梁だったから。
ウ 建築家になることが、当時憧れていた正司さんの夢だったから。
エ 東京の大学の建築科に進学したかったから。

〔　　〕

5 「一冊の本」（六三・8）について、次の問いに答えなさい。

(1) この「本」について説明した次の文の空欄にあてはまる言葉を、本文中から抜き出しなさい。

『〔 ① 〕』というフランスのル・コルビュジエが書いた建築の本で、みんなが〔 ② 〕する都市そのものを作るという、新しい〔 ③ 〕が述べられている。

①
②
③

(2) この本は正司さんにとってはどのようなものだったか。本文中から漢字二字で抜き出しなさい。

6 「まるで本の中から太陽が昇ったように、すべてのページが輝いて見えた」（六三・12）とあるが、なぜ父にはこの本がこのように見えたのか。適当なものを次から選びなさい。

ア ル・コルビュジエが述べる未来の都市の姿に共感したから。
イ フランス語の文章と建物のスケッチが美しく輝いていたから。
ウ 憧れの正司さんが熱心に読み込んだ形跡があり魅力を感じたから。
エ 本に描かれている理想の都市が現実になることを予想したから。

〔　　〕

第二段落（p.61 ℓ.1〜p.64 ℓ.9）

7 「ほんまのことを言うと、わしも、この人の弟子になりたかったんじゃけどな」（六三・3）**とあるが、正司さんがこのように思っていたのに、建築家になる夢を諦めたのはなぜか。解答欄の形式に合うように、本文中から二十字で抜き出しなさい。**

から。

8 正司さんが父に本を渡すとき「そのほうが、この本のためになる。——日本のためにもな。」（六三・9）**と言ったのはなぜか。次から選びなさい。**

ア　自分より若い父に本を託すことで、将来日本にユートピア都市を建設する可能性を残すことができるから。

イ　自分に憧れる父に渡すことで、この本が大切に保管されてその内容を日本の宝として守ってもらえると思ったから。

ウ　父が本の内容を理解することで、父の職業選択の役に立ち、その経験が進路を決めかねている日本中の若者の役に立つと思ったから。

エ　若い父のほうが記憶力が高いため、万が一この本がなくなっても、その内容を後世の人に父が伝えてくれると思ったから。

〔　　〕

9 「正司さんの期待を自分は裏切ってしまった」（六三・14）**とあるが、その原因を二つ答えなさい。**

〔　　〕〔　　〕

第三段落（p.64 ℓ.10〜p.68 ℓ.8）

10 「まるで敵でも討つように読んでいたなあ」（六五・4）**とは、どのように読んでいたのか。次から選びなさい。** ▼脚問3

ア　父や正司さんに負けたくないとすべて暗記するまで読んでいた。

イ　すべて自分のものにしてやるという攻撃的な気持ちで読んでいた。

ウ　自分だけ和訳本で難なく読んだ引け目を感じないように読んでいた。

エ　本の中に書かれている矛盾を見つけたいと細部まで読んでいた。

〔　　〕

11 「わしのん」（六五・15）**を言い換えた表現を、本文中から十九字で抜き出しなさい。（句読点を含む）**

12 「掘って、掘って、掘って、埋めた。」（六七・9）**とあるが、父がなぜこのような行動をしたのか。本文中からひと続きの三文を抜き出し、初めと終わりの五字で抜き出しなさい。（句読点を含む）** ▼脚問4

〜

全体

13 本文の表現上の特徴として適当なものを次から選びなさい。

ア　情景を細部まで描写することで、「父」や「私」の微妙な心情の変化を読者に想像させている。

イ　関連のない過去の出来事を羅列することで、長期にわたる「父」と「私」のぎくしゃくした関係性を暗示している。

ウ　ある記憶とある記憶が連なって行く成り行きを描くことで、小説の時間構造を重層的なものにしている。

エ　比喩を多用することで、仕事に対して鬱屈した思いを抱えている「私」の姿をコミカルに描写している。

〔　　〕

学習目標　日本と西洋を対比することで明らかになる日本文化および日本人の行動様式の特徴をつかむ。

「間」の感覚（高階秀爾）

教科書p.72～p.75

検印

漢字

1 太字の仮名を漢字に直しなさい。

① p.72 ℓ.1 アクロポリスの**おか**〔　〕。
② p.72 ℓ.1 よく似た**けいじょう**〔　〕。
③ p.72 ℓ.3 建物の**こうぞう**〔　〕の違い。
④ p.72 ℓ.6 大きな**とくちょう**〔　〕。
⑤ p.72 ℓ.9 **びみょう**〔　〕な判断。
⑥ p.72 ℓ.10 内部空間に**ふぞく**〔　〕する。
⑦ p.72 ℓ.13 **しゃへい**〔　〕された空間。
⑧ p.73 ℓ.1 領域を**ばいかい**〔　〕とする。
⑨ p.73 ℓ.3 **きょうみ**〔　〕深いこと。
⑩ p.73 ℓ.5 日本人の行動**ようしき**〔　〕。
⑪ p.73 ℓ.6 **てっきん**〔　〕コンクリート。
⑫ p.73 ℓ.6 **いす**〔　〕とテーブル。
⑬ p.73 ℓ.10 外国人は**とうわく**〔　〕する。
⑭ p.73 ℓ.13 価値**かん**〔　〕の問題。
⑮ p.74 ℓ.8 空間と時間の**あ**〔　〕み目。
⑯ p.74 ℓ.16 住まい方を**きてい**〔　〕する。
⑰ p.74 ℓ.17 美意識や**りんり**〔　〕。

2 太字の漢字の読みを記しなさい。　知識・技能

① p.72 ℓ.1 パルテノンの**神殿**〔　〕。
② p.72 ℓ.3 **同一**〔　〕である。
③ p.72 ℓ.4 建物を**覆**〔　〕う。
④ p.72 ℓ.6 **軒下**〔　〕という空間。
⑤ p.72 ℓ.8 雨が多い**風土**〔　〕。
⑥ p.72 ℓ.10 **物置**〔　〕の代わりに使う。
⑦ p.72 ℓ.13 渡り**廊下**〔　〕を歩く。
⑧ p.73 ℓ.1 **西欧**〔　〕建築を学ぶ。
⑨ p.73 ℓ.5 玄関で**草履**〔　〕を脱ぐ。
⑩ p.73 ℓ.8 お客を**迎**〔　〕える。
⑪ p.73 ℓ.14 **荘厳**〔　〕な神社。
⑫ p.73 ℓ.15 **俗世間**〔　〕から離れる。
⑬ p.73 ℓ.18 共通理解を**前提**〔　〕とする。
⑭ p.74 ℓ.9 夜は**寝室**〔　〕になる。
⑮ p.74 ℓ.11 **広間**〔　〕でくつろぐ。
⑯ p.74 ℓ.15 計測を**誤**〔　〕る。
⑰ p.74 ℓ.15 間違いを**犯**〔　〕す。

語句

1 次の太字の語句の意味を調べなさい。　知識・技能

① p.72 ℓ.8 風土的特性に**由来**する。
〔　〕
② p.74 ℓ.14 「間合い」を正しく**見定**める。
〔　〕
③ p.74 ℓ.18 日本文化を理解する**鍵**となる。
〔　〕

2 次の空欄にあとから適語を選んで入れなさい。

① p.72 ℓ.5 軒先が〔　〕大きく伸びる。
② p.73 ℓ.12 物理的というよりも〔　〕心理的なもの。
③ p.74 ℓ.13 〔　〕偶然ではない。

（ 決して　むしろ　さらに ）

3 次の語句を使って短文を作りなさい。

① p.73 ℓ.3 はなはだ
〔　〕
② p.73 ℓ.17 もっぱら
〔　〕

論理の把握　思考力・判断力・表現力

1 空欄に本文中の語句を入れて、内容を整理しなさい。

第一段落（初め〜p.73 ℓ.2）

〈日本の伊勢神宮とアテネのパルテノン神殿〉
柱を重要な支持材としてその上に横材を渡し、三角形の断面を見せる切妻型の屋根をかける〔ア　　〕は共通↓［だが、］屋根の様式が両者で異なる

〈パルテノン神殿〉
・〔イ　　〕が建物の〔ウ　　〕を覆うところで終わる

↔

〈伊勢神宮〉
・軒先が大きく伸びており、〔エ　　〕という空間が生じる。

第二段落（p.73 ℓ.3〜p.73 ℓ.11）

〈日本社会と西欧社会の行動様式〉

〈西欧の住まい〉
・家の中で靴を〔オ　　〕ことが公的なルール

↔

〈日本の住まい〉
・家の中では靴を〔カ　　〕ことが当然
・〔キ　　〕はつながっているような家に住みながら、行動様式では〔ク　　〕とを明確に区別している

第三段落（p.73 ℓ.12〜p.73 ℓ.17）

〈内と外の区別　聖なる空間〉

〈教会〉
・〔ケ　　〕によって内外の区別が明確

↔

〈神社〉
・〔コ　　〕は物理的機能のない境界
・日本における内と外の区別は、物理的というよりもむしろ〔サ　　〕なもの

第四段落（p.73 ℓ.18〜p.74 ℓ.10）

〈日本人の意識における内と外〉
鳥居について共通の理解を持つ集団が〔シ　　〕で、集団の外にいる者が〔ス　　〕
日本人にとっての「うち」という意識は、人間や空間や時間との関係性において成立

第五段落（p.74 ℓ.11〜終わり）

〈日本人の「間」の感覚〉
日本人は、関係性の広がりを「間」と呼ぶ
↓「間」とは、空間の広がり、時間的広がり、人間関係の広がり
「間」の感覚を解明すること↓日本の〔セ　　〕を理解する鍵となるだろう

要旨　思考力・判断力・表現力

1 空欄に本文中の語句を入れて、全体の要旨を整理しなさい。

日本人は、家や部屋の内と外を〔ア　　〕的にではなく〔イ　　〕的に区別している。日本人にとっては、人間社会も空間も時間も〔ウ　　〕という共通した〔エ　　〕の中に組み入れられており、そのような関係性の広がりを日本人は「間」と呼んだ。関係性、すなわち「間合い」を正しく〔オ　　〕ことが、日本人の行動様式の大きな原理である。住居の構造や住まい方だけでなく、〔カ　　〕や倫理とも深く結びついた「間」の感覚は、今なお生き続けている。

2 右を参考にして、要旨を百字以内にまとめなさい。

内容の理解

第一段落（初め〜p.73 ℓ.2）

1 「外観上よく似た形状を見せている。」（七三・1）とあるが、伊勢神宮とパルテノンの神殿にどういう共通点があるため似た形状になるのか。本文中から四十五字程度で抜き出し、初めと終わりの五字で答えなさい。

〜

2 「一つだけ大きな違いがある。」（七三・4）について、次の問いに答えなさい。

(1)「大きな違い」とは何か。解答欄の形式に合うように、本文中から七字で抜き出しなさい。

の有無。

(2)「大きな違い」は何によって生じたと筆者は推測しているか。筆者の推測を七二ページから三十字以内で抜き出しなさい。

3 「そのあたりが微妙なのである」（七三・9）という箇所について説明した次の文章の空欄にあてはまる語句を、本文中から抜き出して答えなさい。

日本の建築には、軒下のような内部か外部かを決めることが難しい、【 ① 】とでも言うべき場所が生まれてくる。軒下のほか、濡れ縁、【 ② 】などがその代表例である。それらは家の中から見れば一応外部空間になるが、外から見れば内部空間と捉えることができる。庭師たちが軒下のことを「【 ③ 】」と呼ぶように、視点をどこに置くかによって空間の意味自体が変わっている。

①

②

③

第一段落

4 西欧の建築の特徴について述べた部分を、第一段落（七二・1〜七三・2）から三十字以内で抜き出しなさい。

第二段落（p.73 ℓ.3〜p.73 ℓ.11）

5 「ところが、はなはだ興味深いことに、……内と外とを厳しく区別するという行動様式を示す。」（七三・3〜5）の一文について、次の問いに答えなさい。

(1)「日本人は住まい方において、内と外とを厳しく区別する」ことの具体例として本文にあげられている事柄を、本文中の語句を用いて二十字以内で答えなさい。

(2)この一文と同じようなことを述べている一文を同じ段落から探し、初めと終わりの五字で答えなさい。（句読点を含む）

〜

第三段落（p.73 ℓ.12〜p.73 ℓ.17）

6 「日本の神社で聖なる空間を示すものは、物理的には境界として何の役にも立たない鳥居である。」（七三・16）とあるが、なぜ鳥居が境界として機能しているのか。その説明として最も適当なものを次から選びなさい。

ア　鳥居という建造物を立てる際の特殊な工法によって聖なる力がそこには宿り、聖と俗とが二分されているから。

イ　鳥居は象徴として機能しており、それをくぐる人々の意識において聖と俗とが分けられているから。

ウ　鳥居の内部が聖なる空間であり、鳥居の外は俗世間というのは、形の上でも明確に二分されているから。

エ　鳥居はその特殊な形状によって人間の直観に訴え、その向こうが異質な空間であることを示すから。
〔　　〕

第四段落（p.73 ℓ.18〜p.74 ℓ.10）

7 **日本人にとっての「身内」**（七四・1）**について説明した次の文章の空欄にあてはまる語句を、本文中から抜き出して答えなさい。**

「身内」とは、自分を含めた集団、ないしは〔　①　〕のことを「うち」と呼ぶときにさし示す範囲のことだと言える。その範囲に入った人々の間では〔　②　〕が前提とされている。血縁や地縁、属する集団など、その時によって変化する〔　③　〕の上に「身内」は成立している。

①
②
③

8 **「日本人にとっては人間社会も空間も時間も関係性という共通した編み目の中に組み入れられている。」**（七四・7）**について、次の問いに答えなさい。**

(1) **日本人の空間や時間に対する認識のしかたについての説明として適当なものを次から選びなさい。**

ア　空間や時間に対しても、関係性が変化することでその意味が変わってくる。
イ　空間や時間という、揺るぎない絶対的な基準に沿ってはじめて、日本人にとっての関係性の広がりを認識できる。
ウ　空間や時間の限界をふまえて、いかにしてそれらに関わっていくのかという意識を日本人は共通して持っている。
エ　空間や時間は不変なものなので、日本人が物事を認識する際の骨組みの役割を果たしている。
〔　　〕

第四段落（p.73 ℓ.18〜p.74 ℓ.10）

(2) **日本人の対人関係の特徴を説明した次の文章の空欄にあてはまる語句を、本文中から抜き出して答えなさい。**

日本人は関係性の広がりを「間」という言葉で呼び、人間関係の広がりを表す言葉としては「〔　①　〕」がある。対人関係においては、相手との関係性、すなわち「〔　②　〕」を見定めることが重要とされている。

①
②

第五段落（p.74 ℓ.11〜終わり）

9 **「『間』の感覚」**（七四・16）**とはどのような感覚か。適当なものを次から選びなさい。**

ア　環境に影響を受けながら変化する、個人的な好悪の感覚。
イ　個人の一貫した行動のよりどころとなる、普遍的で道徳的な感覚。
ウ　時や場合に応じて、対象との関係性を見定めようとする感覚。
エ　伝統的な価値観を守り続けようとする、日本人の保守的な感覚。
〔　　〕

全体

10 新傾向 **本文の内容に合致するものを次からすべて選びなさい。**

ア　壁という物理的遮蔽物によって内外をはっきり区別する西欧の建築は、スケールや全体的な形状が日本の建築と根本的に異なる。
イ　日本建築は物理的な境界が曖昧で内部と外部が連続しており、軒下や濡れ縁などの内部とも外部とも捉え得る領域が存在する。
ウ　日本人にとっては、「間合い」を正しく見定めることが重要であり、「間」の感覚は日本人の住居や行動様式に大きな影響を与えている。
エ　日本では常に「間合い」を読まなくてはならないため、その息苦しさに西洋人は当惑してしまう。
オ　「間」の感覚によって住居の構造や住まい方が厳しく制限されるため、日本人の美意識や倫理に悪影響を与えている。
〔　　〕

学習目標　提示された具体例の内容や効果を理解し、「いる」と「ある」の違いを読み取る。

日本語は世界をこのように捉える（小浜逸郎）

教科書 p.76～p.80

検印

漢字　知識・技能

1 太字の仮名を漢字に直しなさい。

p.76 ℓ.1 ①げんみつ〔　　〕に分ける。
p.76 ℓ.9 ②てつがく〔　　〕的思考。
p.76 ℓ.12 ③別の語に置きか〔　　〕える。
p.77 ℓ.6 ④カードのゆうこう〔　　〕期限。
p.77 ℓ.9 ⑤使用のじったい〔　　〕を探る。
p.77 ℓ.11 ⑥事実やかんねん〔　　〕。
p.77 ℓ.11 ⑦ひもでしば〔　　〕る。
p.78 ℓ.5 ⑧けいせき〔　　〕が残る。
p.78 ℓ.11 ⑨ひじょう〔　　〕な仕打ち。
p.78 ℓ.14 ⑩たんてき〔　　〕に表す。
p.78 ℓ.15 ⑪家族に寄りそ〔　　〕う。
p.78 ℓ.15 ⑫激しくていこう〔　　〕する。
p.78 ℓ.16 ⑬せいし〔　　〕画の撮影。
p.79 ℓ.2 ⑭彼はがんこ〔　　〕である。
p.79 ℓ.7 ⑮遠くからなが〔　　〕める。
p.79 ℓ.10 ⑯おかし〔　　〕を並べる。
p.79 ℓ.14 ⑰正確なきじゅつ〔　　〕。

2 太字の漢字の読みを記しなさい。

p.76 ℓ.6 ①補助〔　　〕用言の「いる」。
p.76 ℓ.8 ②語彙〔　　〕が豊かだ。
p.76 ℓ.8 ③背後〔　　〕から声がする。
p.76 ℓ.8 ④発言の含意〔　　〕を読み取る。
p.77 ℓ.4 ⑤壮麗〔　　〕な伽藍《がらん》。
p.77 ℓ.7 ⑥既往〔　　〕の結果。
p.77 ℓ.8 ⑦自然な音韻〔　　〕。
p.77 ℓ.9 ⑧現象概念〔　　〕化する。
p.77 ℓ.14 ⑨状況を表出〔　　〕する。
p.78 ℓ.9 ⑩相手に親近〔　　〕感がわく。
p.78 ℓ.9 ⑪内在〔　　〕する問題。
p.78 ℓ.10 ⑫情緒〔　　〕が安定する。
p.78 ℓ.13 ⑬日本語の特徴〔　　〕。
p.79 ℓ.4 ⑭眼前〔　　〕に広がる景色。
p.79 ℓ.4 ⑮状況を共有〔　　〕する。
p.79 ℓ.6 ⑯感嘆〔　　〕の声をあげる。
p.79 ℓ.12 ⑰所作〔　　〕が目に浮かぶ。

語句　知識・技能

1 次の太字の語句の意味を調べなさい。

p.76 ℓ.8 ①日本語特有の含意がこめられている。
〔　　　　〕

p.77 ℓ.3 ②説明のニュアンスが異なる。
〔　　　　〕

p.78 ℓ.9 ③大きな問題を内在している。
〔　　　　〕

2 次の空欄にあとから適語を選んで入れなさい。

p.76 ℓ.11 ①彼女は父の妹、〔　　〕叔母だ。
p.76 ℓ.12 ②君の提案には反対だ。〔　　〕その案は安全だが、予算がかかり過ぎる。
p.76 ℓ.13 ③風で桜の花が散るのが、〔　　〕雪のように見えた。

（ちょうど　たしかに　つまり）

3 次の語句を使って短文を作りなさい。

p.76 ℓ.3 ①大過ない
〔　　　　〕

p.79 ℓ.7 ②突き放す
〔　　　　〕

論理の把握

1 空欄に本文中の語句を入れて、内容を整理しなさい。 思考力・判断力・表現力

第一段落（初め〜p.76 ℓ.9）

主題　「いる」と「ある」はどう違うか

一般的な考え
「いる」…（　ア　）に使う。
「ある」…（　イ　）に使う。

↓

反証　＝　無生物
「雨が降っている」
「ビルは今壊している」

反証への予想される反論
●補助用言の「いる」は、存在を表す「いる」とは異なる
→×（　ウ　）な区別でしかない
→不十分

「いる」という語彙に共通した日本語特有の含意を探るべき

第二段落（p.76 ℓ.10〜p.77 ℓ.12）

●無生物に「いる」を使う例＝「主格が（　エ　）の運動状態にある事実」「現在の状態の形容」「既往の結果としての現在」
→×「いる」は英語の現在進行形とは異なる
×辞書ふうに使用実態を概念化しているだけ
←不十分

＊固定化した言語観の産物
言葉＝ただ（　オ　）な事実・観念・状態の提示

↕

第三段落（p.77 ℓ.13〜p.78 ℓ.5）

筆者の考え
言葉は（　カ　）と言葉を発する主体の関係をも表出している

←

第四段落（p.78 ℓ.6〜p.78 ℓ.13）

筆者の主張
「いる」…語られている状況と「私」とが（　キ　）居合わせていることを表す
「いる」と「ある」は、語られている主格の語が、今ここで語っている主体とどれだけ（　ク　）と関係しているかによって区別されるべき

第五段落（p.78 ℓ.14〜終わり）

日本語は世界をこのように捉える
「いる」…語り手の（　ケ　）がはたらいている
＜「語る私」の意識に親しくつき添う意味合い
「ある」…モノや人を客観的に眺めたときの（　コ　）や（　サ　）を表す表現

要旨

1 空欄に本文中の語句を入れて、全体の要旨を整理しなさい。 思考力・判断力・表現力

日本語では「いる」は（　ア　）に用い、「ある」は（　イ　）に用いる言葉だと説明し、例外については、文法的な区別や意味分類を増やすことで対応してきた。これは、言葉は（　ウ　）な事実・観念・状態の提示であるという言語観に基づく。しかし、言葉は語る対象と自分との関係を表出するものでもある。つまり、（　エ　）は対象の客観的な存在や様態を表す表現、（　オ　）は「語る私」の意識に親しくつき添う意味合いを含む表現だと言える。

2 右を参考にして、要旨を百字以内にまとめなさい。

内容の理解　思考力・判断力・表現力

第一段落（初め～p.76 ℓ.9）

1 「この区分」（七六・4）とあるが、その内容を本文中の語句を用いて答えなさい。

〔　　　　〕

2 「そういう区別」（七六・7）とあるが、何と何の区別か、本文中から具体的に二つ抜き出して答えなさい。

〔　　　　〕　〔　　　　〕

3 「なぜ、同じ『いる』という言葉が使われるのか。」（七六・7）についての筆者の仮説を説明した次の文の空欄にあてはまる言葉を、本文中から二十字以内で抜き出しなさい。

「いる」という語彙に、文法学的な区別を超えて共通した［　　　　］から。

第二段落（p.76 ℓ.10～p.77 ℓ.12）

4 「英語の現在進行形と同じだ」（七六・11）という考え方について、①同じ内容を詳しく述べている一文、②直接的に反論している一文をそれぞれ本文中から抜き出し、初めと終わりの五字で示しなさい。（記号は字数に含める）

①［　　　　　］～［　　　　　］

②［　　　　　］～［　　　　　］

第二段落（p.76 ℓ.10～p.77 ℓ.12）

5 「運動状態を表すのではないような『いる』」（七七・4）について、次の問いに答えなさい。

(1) 筆者はそのような「いる」の例を二種類取り上げているが、それぞれどのような状態を表す「いる」か、説明を本文中から抜き出し、表の上段に記しなさい。ただし、本文に出てくる順に解答すること。

(2) 次の選択肢の中から、それぞれ表上段の説明にあてはまる例文をすべて選び、表の下段に記号で答えなさい。

ア　道が曲がっている。　イ　約束の時間は過ぎている。

ウ　風が吹いている。　エ　公園は海に面している。

運動状態を表すのではない「いる」の説明	例文
〔　　　　〕	〔　　〕
〔　　　　〕	〔　　〕

6 「固定化した言語観」（七七・11）とはどういう言語観か。本文中の語句を用いて答えなさい。

〔　　　　〕

第三段落（p.77 ℓ.13～p.78 ℓ.5）

7 筆者が「いる」についてどのように考えているかを説明した次の文の空欄にあてはまる語句を、第三段落から抜き出して答えなさい。

「いる」を使っている話し手は、単に客観的に事実を述べているのではなく、語られている状況にともに【①】おり、「いる」と語ることでその状況を自分の【②】に引き寄せている。

①［　　　　］

②［　　　　］

第三段落

8 **語られる内容が空間的に離れた場所にいても、「あいつは今、パリにいる」**（七八・3）**という使い方ができるのはなぜか。本文中の語句を用いて三十五字以内で説明しなさい。**

第四段落 (p.78 ℓ.6〜p.78 ℓ.13)

9 **「いる」と「ある」の区別の基準を端的に説明した一文を第四段落から抜き出し、初めの五字で示しなさい。（記号は字数に含める）**

10 **「日本語の大きな特徴の一つ」**（七八・13）**として、適当なものを次から選びなさい。**

ア　「いる」には主格が生物か生物でないかによる区別がなく、あらゆるものを同じように表現すること。

イ　「いる」は有情のものに対して強く親近感を示す表現であり、対象に厳密な使い分けがあること。

ウ　「いる」は生物でないものに対しても用いることができ、親しみを持って自分自身へ引き寄せようとする意識を含むこと。

エ　「いる」は対象が有情であるか非情であるかにかかわらず、客観的な語り手との関係を記述していること。

〔　　〕

第五段落

11 **「私の意識の流れに寄り添わず」**（七八・15）**とあるが、これと対比的な「いる」のはたらきを述べた表現を、第五段落から十六字で抜き出しなさい。**

第五段落 (p.78 ℓ.14〜終わり)

12 **「①店先では、いろいろなお菓子が並べてある。」**（七九・10）**、「②店先には、いろいろなお菓子を並べている。」**（七九・11）**の二つの文を説明した次の文の空欄にあてはまる言葉を、それぞれ本文中から抜き出して答えなさい。**

①の例文が〔　A　〕が店に対して〔　B　〕を持っていることを表しているのに対し、②の例文は単に〔　C　〕を〔　D　〕に表しているだけである。

A　B　C　D

13 新傾向 **教師と生徒たちがこの文章について話し合っている。空欄にあてはまる語を、それぞれあとから選びなさい。**

教　師：みなさんはこの文章を読んでどのようなことに気づきましたか。

生徒A：「いる」と「ある」について、これまで私も一般の考え方とされる区別方法で考えていました。

生徒B：最後の「『ある』に比べて『いる』のほうが、ずっと『語る私』の意識に親しくつき添う意味合いで使われている」という部分は、最初は〔　①　〕的でわかりにくいと感じましたが、文章の中でたくさんの〔　②　〕例があげられているので、それを通して考えると理解しやすくなりました。

生徒C：筆者は、ただ自分の考えを述べるだけでなく、その考えに対する〔　③　〕まで予想していることはすごいと思いました。

生徒D：自分の考えを伝える方法として、参考にしたいと思います。

（**ア**　具体　**イ**　抽象　**ウ**　反論　**エ**　推論　**オ**　一般　**カ**　特殊）

①〔　　〕②〔　　〕③〔　　〕

学習目標　筆者の主張や具体例のはたらきを捉え、日本文化の特徴について理解する。

無彩の色（港千尋）

教科書p.82〜p.87

検印

漢字

1 太字の仮名を漢字に直しなさい。

- ①（p.82 ℓ.3）そう考えるのが**ふつう**〔　　〕だ。
- ②（p.82 ℓ.5）いろいろな色が**ふく**〔　　〕まれる。
- ③（p.82 ℓ.10）二つの色を**こんごう**〔　　〕する。
- ④（p.82 ℓ.11）特別な**かいきゅう**〔　　〕の人々。
- ⑤（p.83 ℓ.6）人に**あや**〔　　〕しまれる。
- ⑥（p.83 ℓ.9）都市生活を取り**ま**〔　　〕く色。
- ⑦（p.83 ℓ.14）**ひろう**〔　　〕がたまる。
- ⑧（p.84 ℓ.7）光と影に**びんかん**〔　　〕になる。
- ⑨（p.84 ℓ.8）**びみょう**〔　　〕な影に気づく。
- ⑩（p.84 ℓ.9）砂と波が**お**〔　　〕りなすパターン。
- ⑪（p.84 ℓ.11）画面の**いんえい**〔　　〕。
- ⑫（p.84 ℓ.11）**ひとがら**〔　　〕の深さを表す。
- ⑬（p.84 ℓ.16）グレーの**のうたん**〔　　〕。
- ⑭（p.85 ℓ.1）雲の色を**はんえい**〔　　〕する。
- ⑮（p.85 ℓ.1）夏の**さか**〔　　〕り。
- ⑯（p.86 ℓ.5）**せんれん**〔　　〕された芸術。
- ⑰（p.86 ℓ.9）灰色の**ちゃわん**〔　　〕。

2 太字の漢字の読みを記しなさい。

知識・技能

- ①（p.82 ℓ.2）同じ色を**想像**〔　　〕する。
- ②（p.82 ℓ.5）**彩**〔　　〕りのない色。
- ③（p.82 ℓ.7）**暖色**〔　　〕や寒色。
- ④（p.82 ℓ.9）**沈静**〔　　〕をもたらす。
- ⑤（p.83 ℓ.1）**害獣**〔　　〕と見なす。
- ⑥（p.83 ℓ.2）言葉を言い**換**〔　　〕える。
- ⑦（p.83 ℓ.6）**曖昧**〔　　〕でどっちつかず。
- ⑧（p.83 ℓ.7）**舗装**〔　　〕された道路。
- ⑨（p.83 ℓ.8）さまざまな**配管**〔　　〕。
- ⑩（p.83 ℓ.12）**鮮**〔　　〕やかな色。
- ⑪（p.83 ℓ.13）違う色に**塗**〔　　〕り替える。
- ⑫（p.84 ℓ.11）違う**趣**〔　　〕がある。
- ⑬（p.84 ℓ.11）引き**締**〔　　〕まった画面。
- ⑭（p.84 ℓ.13）光と影の**戯**〔　　〕れ。
- ⑮（p.84 ℓ.15）屋根の**瓦**〔　　〕の色。
- ⑯（p.86 ℓ.4）**派手**〔　　〕な色彩。
- ⑰（p.86 ℓ.7）安土桃山時代の**名残**〔　　〕。

語句

1 次の太字の語句の意味を調べなさい。

知識・技能

- ①（p.83 ℓ.6）**曖昧**でどっちつかずだ。〔　　　　〕
- ②（p.84 ℓ.10）**モノクローム**で表現された人間の顔。〔　　　　〕
- ③（p.84 ℓ.10）肌色とはまた違った**趣**がある。〔　　　　〕

2 次の空欄にあとから適語を選んで入れなさい。

- ①（p.82 ℓ.9）どの文化でも〔　　〕赤は注意や警戒感を与える色だ。
- ②（p.83 ℓ.12）都市の〔　　〕場所に色がついている。
- ③（p.85 ℓ.3）これほど豊かな灰色を持った屋根は〔　　〕見当たらない。

（　あまり　あらゆる　たいがい　）

3 次の語句を使って短文を作りなさい。

- ①（p.83 ℓ.14）手につかない〔　　　　〕
- ②（p.84 ℓ.1）言うまでもなく〔　　　　〕

論理の把握

1 空欄に本文中の語句を入れて、内容を整理しなさい。 思考力・判断力・表現力 ▼学習一

第一段落（初め〜p.83 ℓ.6）	第二段落（p.83 ℓ.7〜p.84 ℓ.13）	第三段落（p.84 ℓ.14〜終わり）
色の〔ア　　〕は人それぞれだが、色の〔イ　　〕には共通するものがある。赤は注意や警戒感を与え、青は沈静をもたらし、紫は高貴な色とされる。その点、ネズミ色はあまり〔ウ　　〕を持たされていない。 事例（ネズミ色の持つイメージ） 「灰色の世界」…明るく楽しい世界の反対がイメージされる 「グレーゾーン」…曖昧でどっちつかずだと怪しまれる	だが、身の回りには意外に灰色が多い。特別な意味を持たず、特別な感情に結びつかない場所では、グレーのほうがよい。感覚と感情の〔エ　　〕を支えているのは、実は目立たない灰色である。つまり〔オ　　〕だから役立っているのだが、さらに評価することもできる。その一つが白黒写真であり、私たちは灰色の無限の段階の中に、光と影の〔カ　　〕を見て楽しむことができる。 事例（現代社会の灰色） 公共空間、オフィス、自宅…多くの製品にグレーが使われる 白黒写真…光と影に敏感にさせてくれる	こうした感覚は昔から存在していた。灰色は灰だけではなく、煤や墨にも種類がある。派手な色彩を控え、微妙な〔キ　　〕の変化を愛でる。その最も洗練された芸術の一つが〔ク　　〕である。日本の文化は煤竹色や灰色の世界に、どんなカラフルな色にもまさる、最高の美を認めることもできるのだ。 事例（灰色に美を見いだす日本） 日本や韓国の屋根瓦…グレー一色に見えても濃淡がある 利休鼠…茶の芸術が完成された時代の名残、灰色の美学を色名に残す

要旨

1 空欄に本文中の語句を入れて、全体の要旨を整理しなさい。 思考力・判断力・表現力

世界中どこでも〔ア　　〕はあまりいい意味を持たされておらず、灰色と言い換えても〔イ　　〕な意味に結びつく。だが、身の回りには意外に灰色が多く、灰色が感覚と感情の〔ウ　　〕を支えている。また白黒写真は灰色の無限の段階の中に、光と影の戯れを見て楽しむことができる。こうした感覚は、〔エ　　〕な色彩を控え、微妙な明暗の変化を愛でる茶の湯とも結びついている。日本は灰色の〔オ　　〕に目覚め、大切に育ててきた文化を持っている。

2 右を参考にして、要旨を百字以内にまとめなさい。

内容の理解

思考力・判断力・表現力

第一段落（初め～p.83 ℓ.6）

1「無彩色」（八二・5）とはどのような色か。適当なものを次から選びなさい。

ア　色相・明度・彩度を併せ持つ色。
イ　寒さや温かさなどの温度を感じさせる色。
ウ　見た人に特定のイメージや感情を抱かせる色。
エ　白から黒へ、明るさだけが移行する色。

2 新傾向「赤は注意や警戒感を与える」（八二・9）とあるが、「注意や警戒感を与える赤色」の例として適当でないものを、次から選びなさい。

ア　信号機の赤色。
イ　消火器の赤色。
ウ　消防車の赤色。
エ　フラメンコの衣装の赤色。

3「その点」（八三・1）とはどのような点か。次から選びなさい。

ア　「ネズミ色の服」という言葉からイメージする服の色がグレーだという点。
イ　ネズミ色は明度の違いだけで彩りがないという点。
ウ　文化が違っても色の感じ方には共通するものがあるという点。
エ　色は暖色と寒色に分けられるという点。

4「ネズミ色はあまりいい意味を持たされていない。」（八三・1）と筆者が述べる理由を二つ答えなさい。▼脚問1

第一段落（初め～p.83 ℓ.6）

5「煤けたような」（八三・3）という言葉の持つ一般的なイメージを、次から選びなさい。

ア　薄汚れたイメージ。
イ　清潔なイメージ。
ウ　感情を安定させるイメージ。
エ　美しいイメージ。

6「明るく楽しい世界の反対」（八三・5）に該当する言葉を、本文中から十三字で抜き出しなさい。

7 新傾向「わたしたちが生きる世界には意外に灰色が多い」（八三・7）とあるが、私たちの周囲で「灰色」でないい色を使うことが多いものを、次から選びなさい。

ア　図書館や市役所など、公共の建物。
イ　お店の看板やチラシなど、広告を目的とした建造物や製品。
ウ　戸建て住宅やマンションなど、住居用の建物。
エ　パソコンやプリンターなど、仕事で使う製品。

第二段落（p.83 ℓ.7～p.84 ℓ.13）

8「特別な意味を持たず、……グレーのほうがよい。」（八三・10～11）と筆者が述べる理由を二十五字以内で答えなさい。▼脚問2

第二段落（p.83 ℓ.7〜p.84 ℓ.13）

9 「世界から彩度を差し引いて明度だけで表現する」（八四・1）とほぼ同じ意味の言葉を、本文中から十八字で抜き出しなさい。

10 「正確に言えば、白黒ではなく、灰色写真である。」（八四・3）について、説明した次の文の空欄にあてはまる語句を、本文中から抜き出して答えなさい。▼脚問3

「白黒写真」という名称であるものの、実際には白と〔　①　〕の二色で表現されている写真ではなく、濃淡の異なるさまざまな〔　②　〕で表現された写真であるので、正確に言えば「灰色写真」ということになるということ。

①　　②

11 「人間は彩りのないさまざまな明るさの灰色だけで表現された風景を見て、それを美しいと感じることができる。」（八四・4）とあるが、その理由を本文中の語句を用いて三十字以内で答えなさい。

12 「色を差し引くせいでわたしたちが光と影に敏感になる」（八四・7）について、ここでのA「色」とB「光と影」を言い換えた語として適当なものを次からそれぞれ選びなさい。

ア　彩度　　イ　明度　　ウ　伝統色　　エ　無彩色

A〔　　〕　B〔　　〕

第三段落（p.84 ℓ.14〜終わり）

13 「こうした感覚」（八四・14）とはどのような感覚か。本文中の語句を用いて三十字以内で答えなさい。▼脚問4

14 A「ネズミ色の服を着た人が、煤けたような壁に囲まれて、灰色の茶碗を手にしている」（八三・3）と、B「ネズミ色の服を着た人が、煤竹色の小さな部屋で、灰色の茶碗を見つめている」（八六・8）という表現から感じられるイメージを、それぞれ次の中から選びなさい。

ア　地味でおもしろみのない殺風景なイメージ。
イ　特別な感情は抱かないが日常生活に役立っているイメージ。
ウ　深くて長い人生の時間を感じさせるイメージ。
エ　静かで落ち着いた中に表れる派手さを超えた美のイメージ。

A〔　　〕　B〔　　〕

全体

15 新傾向 本文の学習を終えた四人の生徒が発言している。本文の内容に合致した発言をしている生徒をすべて選びなさい。

生徒A：人を否定的な気分にさせる灰色が、にぎやかな都市生活で活用されていることに対する筆者の違和感が述べられていたね。
生徒B：筆者が写真家だからか、白黒写真に「美しさ」や「人生の時間」といったカラー写真にない魅力を感じているのがわかるよ。
生徒C：屋根瓦や茶の湯における灰色には、灰色に美を見いだし、それを大切に育ててきた文化が表れているんだね。
生徒D：「利休鼠」「煤竹色」という色の名前は、汚い色にも美しい名前をつけて受け入れる、日本人の優しさの表れなんだね。

生徒〔　　〕

学習目標　筆者が主張する科学と技術の違いを読み取り、その関係を理解する。

「文化」としての科学（池内了）

教科書p.89～p.98

検印

漢字

1 太字の仮名を漢字に直しなさい。

① (p.89 ℓ.4) 技術は文明の**きそ**〔　〕だ。
② (p.90 ℓ.6) 是非を**べんべつ**〔　〕する。
③ (p.91 ℓ.5) **こうのう**〔　〕のある薬。
④ (p.91 ℓ.8) 社会的**けいやく**〔　〕を結ぶ。
⑤ (p.92 ℓ.3) **どくぜん**〔　〕的な行為。
⑥ (p.92 ℓ.4) **るいじ**〔　〕した側面がある。
⑦ (p.94 ℓ.2) 通常科学に**しゅうし**〔　〕する。
⑧ (p.94 ℓ.9) 新旧が**こんざい**〔　〕している。
⑨ (p.94 ℓ.12) 医薬品を**さくせい**〔　〕する。
⑩ (p.95 ℓ.5) 品物を人に**ゆず**〔　〕る。
⑪ (p.95 ℓ.7) **はいき**〔　〕物を処理する。
⑫ (p.95 ℓ.8) 公共的な**はいりょ**〔　〕。
⑬ (p.95 ℓ.16) 業績を**ほこ**〔　〕る。
⑭ (p.96 ℓ.5) 設計は**かんぺき**〔　〕だった。
⑮ (p.96 ℓ.5) **どじょう**〔　〕が汚染される。
⑯ (p.96 ℓ.9) 現実と**だきょう**〔　〕する。
⑰ (p.97 ℓ.1) 責任を**かいひ**〔　〕した。

2 太字の漢字の読みを記しなさい。　知識・技能

① (p.90 ℓ.9) **暗黙**〔　〕の了解。
② (p.90 ℓ.13) 生活の**便宜**〔　〕に役立つ。
③ (p.90 ℓ.15) **潤**〔　〕いのない生活。
④ (p.91 ℓ.13) 市民の**負託**〔　〕に応える。
⑤ (p.91 ℓ.14) 自由を**享受**〔　〕する。
⑥ (p.91 ℓ.15) 人々の豊かさに**寄与**〔　〕する。
⑦ (p.92 ℓ.11) **円滑**〔　〕に受容される。
⑧ (p.93 ℓ.4) 発見が**滞**〔　〕る。
⑨ (p.94 ℓ.4) 機械的に**制御**〔　〕する。
⑩ (p.94 ℓ.15) 世論に**迎合**〔　〕した。
⑪ (p.95 ℓ.10) **倫理**〔　〕に反する。
⑫ (p.95 ℓ.14) **危惧**〔　〕を覚える。
⑬ (p.95 ℓ.14) 政界と財界の**癒着**〔　〕。
⑭ (p.95 ℓ.16) **傲慢**〔　〕になる。
⑮ (p.96 ℓ.1) 事態を**収束**〔　〕させた。
⑯ (p.96 ℓ.6) 責任を**転嫁**〔　〕した。
⑰ (p.97 ℓ.2) 初志を**貫徹**〔　〕する。

語句

1 次の太字の語句の意味を調べなさい。　知識・技能

① (p.89 ℓ.3) 人間の物質的**所産**。
〔　〕
② (p.96 ℓ.4) 「日本では事故は起こらない」と**豪語**した。
〔　〕
③ (p.96 ℓ.6) 失敗の責任を**転嫁**した。
〔　〕

2 次の語句の対義語を書きなさい。

① (p.89 ℓ.3) 物質的 ↔ 〔　〕
② (p.90 ℓ.15) 無機的 ↔ 〔　〕
③ (p.91 ℓ.1) 進化 ↔ 〔　〕
④ (p.92 ℓ.13) 否定 ↔ 〔　〕

3 次の語句を使って短文を作りなさい。

① (p.90 ℓ.9) 暗黙
〔　〕
② (p.97 ℓ.5) 自戒する
〔　〕

論理の把握

思考力・判断力・表現力　▼学習一

1 空欄に本文中の語句を入れて、内容を整理しなさい。

第一段落（初め～p.91 ℓ.2）

文化…精神的生活に関わり、多様性・〔ア　　〕がある

文明…人間の〔イ　　〕所産に関わり、段階的に質が変化して独自の形態をとる

↑

科学…文化の〔ウ　　〕の中核を成す・文化として役に立つ

→精神生活を健全に生きていくうえで不可欠

技術…文明の基礎・文明の〔エ　　〕を変化させる・文明の〔オ　　〕として役に立つ

→物質的な生活の便宜に役立つ

＊科学と技術は本来別物で、その役割も異なることをしっかり認識する必要がある

第二段落（p.91 ℓ.3～p.92 ℓ.11）

科学を文化として成り立たせているものは何か

→〔カ　　〕を求めない人々の支え、社会的受容が必要

＊科学者の義務＝科学が社会に円滑に〔キ　　〕されるよう努める

第三段落（p.92 ℓ.12～p.95 ℓ.1）

現代では科学が〔ク　　〕と強く結びついている＝「科学の技術化」

・原理的な世界の発見が滞る → 通常科学に終始 → 技術的な側面に力点

・〔ケ　　〕科学の研究でありながら直ちに技術と結びつく分野も活発

→科学者は〔コ　　〕でもあらねばならない

＊科学の技術化は科学の発展形態として必然の方向

第四段落（p.95 ℓ.2～終わり）

科学の技術化において問題とすべきこと＝「技術的合理性とは何か」という設問

・科学の原理や原則を製品化する際、どのような〔サ　　〕が採用されるのか

科学者の意図＝公共的な配慮からの技術的合理性↔企業の論理＝経済的合理性

→科学者は〔シ　　〕の論理に従うことが習い性になる

＊科学者は科学と技術の相違を見極め、技術の危うさを知ったうえで〔ス　　〕への道を歩むべき

要旨

思考力・判断力・表現力

1 空欄に本文中の語句を入れて、全体の要旨を整理しなさい。

科学は文化の諸相の中核を成し、技術は〔ア　　〕の基礎である。二者は本来別物でその〔イ　　〕も異なるが、現代の科学では、壮大な〔ウ　　〕が発見されないことや、基礎科学の分野でありながら技術に直結する分野が活発であることから、〔エ　　〕の技術化は必然の方向である。企業は、〔オ　　〕合理性よりも経済的合理性を優先し、科学者も企業の論理に従いがちだ。科学者は〔カ　　〕の危うさを知ったうえで、技術化への道を歩むべきである。

2 右を参考にして、要旨を百字以内にまとめなさい。

内容の理解

思考力・判断力・表現力

第一段落（初め～p.91 ℓ.2）

1 「科学と技術は本来別物であったし、またその役割も異なっていた」（九〇・2）について、次の問いに答えなさい。 ▼学習三

(1) 科学と技術の違いを端的に説明した次の文章の空欄にあてはまる語句を、本文中から抜き出して答えなさい。

科学は〔　①　〕を成すのに対し、技術は〔　②　〕だと言える。

①〔　　　　　〕　②〔　　　　　〕

(2) 「科学」と「技術」の役割を、本文中の語句を用いてそれぞれ説明しなさい。ただし科学は二十字以内、技術は三十字以内とする。

科学の役割

技術の役割

2 「科学は文化として役に立つ」（九〇・4）と言える理由に当たる部分を、解答欄の形式に合うように、本文中から三十字以内で抜き出しなさい。

科学は

だから。

3 「技術は文明の手段として役に立つ」（九〇・5）とはどういうことか。次から選びなさい。

ア 技術の発達は、人の精神的生活に深く関わっているということ。
イ 技術の発展は、物質的な生活の便宜に役立つということ。
ウ 技術の発達は、無機的な生活に潤いを与えるということ。
エ 技術の発展は、混在する文明を、工業文明、農業文明などに分化させるということ。

〔　　　〕

第二段落（p.91 ℓ.3～p.92 ℓ.11）

4 「その合意の原点」（九一・10）について、次の問いに答えなさい。

(1) 「その合意」とはどのような合意か。本文中から二十字以内で抜き出しなさい。

(2) 「合意の原点」とはどのようなことか。本文中の語句を用いて、解答欄の形式に合うように、四十字以内で説明しなさい。

ということ。

5 「すぐに利得が得られるわけではない。」（九一・6）とほぼ同意の部分を、第二段落中から二十字以内で抜き出しなさい。

6 筆者は、科学を文化として成り立たせているものは何だと考えているか。本文中から簡潔に二つ抜き出しなさい。

〔　　　　　〕

〔　　　　　〕

第二段落

7 「科学」と「趣味の世界」(九二・4)の説明として適当なものを次から選びなさい。

ア　趣味は科学と異なり、なくても生活できるがないと寂しい。
イ　科学も趣味もともに、社会とは無関係で個人の興味によっている。
ウ　科学は趣味と異なり、社会に大きな影響を与える可能性がある。
エ　科学も趣味もともに、時代に合わせて変化していく。

〔　　〕

第三段落 (p.92 ℓ.12〜p.95 ℓ.1)

8 「自然全体を大きく切り取るような基本理論」(九二・15)の具体例を、本文中から一つ抜き出しなさい。

〔　　〕

9 「原理的な世界の発見が……置かざるを得ない」(九三・4)と同意の部分を本文中から四十字以内で抜き出し、初めと終わりの五字で答えなさい。

〜

10 「さらにクローズアップしてみよう。」(九三・9)とあるが、何について「クローズアップ」するのか。六字で答えなさい。

11 「他方」(九四・4)とは、どのようなことに対しての「他方」なのか。これを説明した次の文章の空欄にあてはまる語句を、本文中から抜き出して答えなさい。

科学の最前線では、〔　①　〕の発見が期待できないため〔　②　〕に終始し、〔　③　〕の解決へと向かっていること。

①
②
③

第三段落

12 「科学と技術が重なり合っている領域」(九四・12)とは、具体的にはどのような領域をさすか。解答欄の形式に合うように、十五字以内で答えなさい。

領域。

13 「科学者の意図」(九五・9)とはどのようなものか。説明として適当なものを次から選びなさい。

ア　環境倫理や安全性の観点から見てよりよい方式を採用したい意図。
イ　公共的な配慮と経済的合理性を兼ね備えた方式を採用したい意図。
ウ　企業の期待を裏切ることのない合理的な方式を採用したい意図。
エ　ほかによい方式があっても自分の発見した方式を最大限に優先したいという意図。

〔　　〕

第四段落 (p.95 ℓ.2〜終わり)

14 「企業の論理」(九五・13)とはどのような論理か。解答欄の形式に合うように、二十字以内で説明しなさい。

論理。

15 「科学の技術化」に関する筆者の主張として適当なものを、次から選びなさい。

ア　科学の技術化の方式は無数にあるので、科学者は自分が発見した方式を最優先すべきである。
イ　科学の技術化の中で科学者も実用の役に立つという意識が強まっているが、企業とは距離を置くべきである。
ウ　科学者は、技術が現実との「妥協」の上に成立していることを認識し、それを社会に伝える責務がある。
エ　科学者は技術が本質的に持つ危険性を認識し、安易に技術化へ走らず新理論を追究するべきである。

〔　　〕

学習目標　「夢」という非日常性を持った世界を描いた小説を読解する。

夢十夜（夏目漱石）

教科書p.100～p.109

検印

漢字

知識・技能

1 太字の仮名を漢字に直しなさい。

- p.100 ℓ.2 ①**うでぐ**〔　〕みをする。
- p.100 ℓ.3 ②長い髪を枕に**し**〔　〕く。
- p.100 ℓ.9 ③姿が**あざ**〔　〕やかに浮かぶ。
- p.101 ℓ.2 ④**だいじょうぶ**〔　〕だろうね。
- p.101 ℓ.3 ⑤**ねむ**〔　〕そうな表情。
- p.101 ℓ.13 ⑥日が**しず**〔　〕む。
- p.102 ℓ.5 ⑦**なみだ**〔　〕が流れる。
- p.102 ℓ.7 ⑧**しめ**〔　〕った土の匂い。
- p.103 ℓ.1 ⑨日が**のぼ**〔　〕る。
- p.103 ℓ.7 ⑩青い**くき**〔　〕。
- p.104 ℓ.9 ⑪**たいくつ**〔　〕する。
- p.106 ℓ.8 ⑫**つ**〔　〕り合いがとれない。
- p.106 ℓ.10 ⑬一生**けんめい**〔　〕に彫る。
- p.106 ℓ.12 ⑭天下の**えいゆう**〔　〕。
- p.107 ℓ.2 ⑮木を**けず**〔　〕る。
- p.107 ℓ.16 ⑯**いきお**〔　〕いよく彫る。
- p.108 ℓ.4 ⑰**さと**〔　〕りを開く。

2 太字の漢字の読みを記しなさい。

- p.100 ℓ.3 ①**輪郭**〔　〕の柔らかな顔。
- p.100 ℓ.8 ②**潤**〔　〕いのある目。
- p.101 ℓ.1 ③**透**〔　〕き通るような黒目。
- p.101 ℓ.9 ④大きな**真珠**〔　〕貝。
- p.102 ℓ.4 ⑤像が**崩**〔　〕れる。
- p.102 ℓ.6 ⑥**滑**〔　〕らかな曲線。
- p.102 ℓ.6 ⑦**縁**〔　〕の鋭い貝。
- p.102 ℓ.16 ⑧自分で**勘定**〔　〕する。
- p.103 ℓ.4 ⑨日が頭上を通り**越**〔　〕す。
- p.103 ℓ.10 ⑩ぽたりと**露**〔　〕が落ちる。
- p.103 ℓ.11 ⑪水が**滴**〔　〕る。
- p.103 ℓ.12 ⑫**暁**〔　〕の星。
- p.103 ℓ.13 ⑬星が**瞬**〔　〕く。
- p.104 ℓ.2 ⑭**下馬評**〔　〕が高い。
- p.106 ℓ.13 ⑮急に**褒**〔　〕め出す。
- p.107 ℓ.2 ⑯**堅**〔　〕い木。
- p.107 ℓ.4 ⑰**無遠慮**〔　〕な様子。

語句

知識・技能

1 次の太字の語句の意味を調べなさい。

- p.101 ℓ.2 ①**ねんごろ**に言葉をかける。〔　〕
- p.103 ℓ.5 ②**一心に**きく。〔　〕
- p.103 ℓ.10 ③**骨にこたえる**寒さ。〔　〕
- p.104 ℓ.2 ④**下馬評**に上がる。〔　〕
- p.106 ℓ.4 ⑤**委細に頓着しない**。〔　〕

2 次の空欄に適語を入れなさい。

- p.100 ℓ.4 ①とうてい死にそうには見え〔　〕。
- p.102 ℓ.11 ②〔　〕が取れて滑らかになる。
- p.104 ℓ.11 ③この仕事は骨の〔　〕作業ばかりだ。

3 次の語句を使って短文を作りなさい。

- p.106 ℓ.12 ①眼中〔　〕

展開の把握

〔第一夜〕

1 次の空欄に本文中の語句を入れ、内容を整理しなさい。

第一段落（初め～p.102 ℓ.5）	第二段落（p.102 ℓ.6～p.103 ℓ.2）	第三段落（p.103 ℓ.3～終わり）
女との約束とその死	女の埋葬と待つ日々	女との再会
女「もう死にます」と言うが、死にそうに見えない。 大きな潤いのある目を開ける。 →真っ黒な瞳の奥に〔ア　　〕が浮かんでいる。 「死んだら、埋めてください。」 約束 ・大きな〔イ　　〕で穴を掘る ・天から落ちてくる〔ウ　　〕を墓標《はかじるし》に置く 「〔エ　　〕、私《わたくし》の〔オ　　〕のそばに座って待っていてください。 きっと〔カ　　〕から。」	自分・女を埋葬した。 ＝約束通り、真珠貝で穴を掘り、女を埋めて土をかけ、星の破片を土の上にのせた。 ・〔キ　　〕の上に座る。 →これから百年の間こうして〔ク　　〕んだな。 ・赤い日が東から登り、西に沈むのを、一つ二つと〔ケ　　〕して日々を過ごす。	○百年がまだ来ない。 自分→女にだまされたのではなかろうか。 ○石の下から〔コ　　〕が伸びてきた。→胸のあたりまで来て止まる。 ↓ 真っ白な〔サ　　〕＝女の化身 自分→百年はもう来ていたんだな。

2 次の空欄に本文中の語句を入れて、場面設定と登場人物設定をまとめなさい。　思考力・判断力・表現力

場面設定

〔ア　　〕の中のできごと

登場人物設定

自分　女の言うことに無心に従う男。

女
・〔イ　　〕髪
・〔ウ　　〕顔
・〔エ　　〕頰に
ほどよい〔オ　　〕の色
・〔カ　　〕唇
・〔キ　　〕瞳

〔ク　　〕には、見えない。

主題

●次の空欄に本文中の語句を入れて、全体の主題を整理しなさい。　思考力・判断力・表現力

こんな夢を見た。腕組みをして枕もとに座っていると、あお向きに寝た女がもう〔ア　　〕と言う。〔イ　　〕後に会いに来ると言う女の指示どおりに、死んだ女を土に埋め墓のそばで待っていると、目印に置いた丸い〔ウ　　〕の下から青い〔エ　　〕が伸びてきた。その頂に真っ白な〔オ　　〕の花が咲き、自分はその花びらに接吻した。顔を離した拍子に見上げた遠い空には〔カ　　〕がたった一つ瞬き、自分は百年がもう来ていたことに気がついた。

展開の把握

〔第六夜〕

1 次の空欄に本文中の語句を入れ、内容を整理しなさい。

第一段落（初め～ p.106 ℓ.3）	第二段落（p.106 ℓ.4～p.107 ℓ.10）	第三段落（p.107 ℓ.11～終わり）
護国寺で〔ア　　〕を彫る運慶	若い男の〔カ　　〕についての評価	〔ケ　　〕をまねて彫る「自分」
運慶 護国寺の山門で仁王を刻んでいる。 山門の風景→〔イ　　〕時代のよう ⇔ 見ている者→〔ウ　　〕の人間 ＝〔エ　　〕が多い。 「大きなもんだなあ。」 「（仁王は）〔オ　　〕よりも強いんだってえ」 →無教育	運慶 見物人の評価には頓着《とんじゃく》なく鑿《のみ》と槌《つち》を動かす。 自分…どうして今時分まで生きているのか。 若い男 ・運慶の鑿と槌の使い方 ＝〔キ　　〕に達している。 ・運慶は、木の中に〔ク　　〕眉《まみえ》や鼻を掘り出している。 →運慶についてよく知っている。（⇔無教育）	自分 ・彫刻とはそんなものか。 ＝〔コ　　〕にでもできる→自分も仁王を彫ってみたい。 ・家の裏にある〔サ　　〕にするつもりだった木を彫る。 ←〔シ　　〕は見当たらない。＝〔ス　　〕の木には仁王は埋まっていない。 →運慶が今日まで生きている〔セ　　〕もほぼわかった。

2 次の空欄に本文中の語句を入れて、場面設定と登場人物設定をまとめなさい。 思考力・判断力・表現力

場面設定

場所　護国寺の〔ア　　〕の山門が見事
松の〔イ　　〕と〔ウ　　〕。
に照《うつ》り合う。

登場人物設定

運慶　〔エ　　〕を彫っている。
車夫　〔オ　　〕が彫るのを見ている。
若い男　〔カ　　〕について、独自の評価をする。
自分　〔キ　　〕をまねるがうまくいかない。

主題

●次の空欄に本文中の語句を入れて、主題を整理しなさい。 思考力・判断力・表現力

〔ア　　〕が護国寺の山門で〔イ　　〕を刻んでいるという評判なので散歩ながら行ってみると、大勢の見物人の中で運慶が仁王の顔のあたりを一生懸命に彫っている。運慶は木の中に埋まっている〔ウ　　〕や鼻を鑿と槌で掘り出すのだという見物人の言葉を聞いて、自分は家に帰り、裏にある〔エ　　〕を勢いよく彫り始めたが、仁王は見当たらない。ついに〔オ　　〕の木に仁王が埋まっていないことを悟った自分は、運慶が今日まで生きている〔カ　　〕もわかった。

内容の理解

思考力・判断力・表現力

〔第一夜〕

第一段落（初め〜p.102 ℓ.5）

1 **夢に出てきた女の特徴について述べた次の文章の空欄にあてはまる語句を、本文中から抜き出しなさい。**

女は〔 ① 〕髪を枕に敷いて、輪郭の〔 ② 〕なうりざね顔をその中に横たえている。〔 ③ 〕な頰の底に温かい血の色がほどよく差して、唇の色はむろん〔 ④ 〕い。

① ② ③ ④

2 **女が「とうてい死にそうには見えない」（一〇〇・4）のはなぜか。具体的に述べなさい。**

〔　　〕

3 **「真っ黒な瞳の奥に、自分の姿が鮮やかに浮かんでいる。」（一〇〇・9）とは、具体的にどういうことか。説明しなさい。**

〔　　〕

4 **女の遺言についてまとめた次の文章の空欄にあてはまる語句を、本文中から抜き出しなさい。**

女は、自分が死んだら大きな〔 ① 〕で穴を掘って埋め、天から落ちてくる〔 ② 〕を墓標に置くよう指示した。そして、〔 ③ 〕の間自分の墓のそばに座って待っていてくれたら、きっと会いに来るとつけ加えた。

① ② ③

5 **「黒い瞳の中に鮮やかに見えた自分の姿が、ぼうっと崩れてきた。」（一〇二・3）とは、どういうことか。説明しなさい。**

〔　　〕

第二段落（p.102 ℓ.6〜p.103 ℓ.2）

6 **女の死後、庭へ下りて「真珠貝で穴を掘った」（一〇二・6）男の描写についてまとめた次の文章の空欄にあてはまる語句を、本文中から抜き出しなさい。**

「自分」は大きな〔 ① 〕な縁の〔 ② 〕真珠貝で穴を掘った。貝の裏に〔 ③ 〕が差してきらきらし、湿った土の匂いもした。掘った穴に女を入れると、〔 ④ 〕土をそっとかけた。

① ② ③ ④

7 **「のっと」（一〇二・16）、「のそり」（一〇三・1）の表現効果の説明として適当なものを、次から二つ選びなさい。**

ア 太陽をまるで生きているもののように感じさせ、ほかに関わる相手のいない「自分」の寂しさを強調している。

イ 「のっと」「のそり」という二つの擬態語が、太陽の大きさや動きのイメージを印象的に伝えている。

ウ 太陽の動きが遅いことを強調し、早く百年が来てほしいとあせる「自分」の気持ちを暗示している。

エ 「のっと」「のそり」という言葉と太陽という、一般的ではない組み合わせによって、太陽の赤さを強調している。

オ 太陽に、その形容としては一般的ではない「のっと」「のそり」をとりあわせることで、そこはかとないおもしろさを感じさせている。

〔　　〕〔　　〕

第三段落（p.103 ℓ.3～終わり）

8 **「百年」（一〇三・5）とはどのような時間か。解答欄の形式に合うように、本文中から二十字以内で抜き出しなさい。**

〔　　　　　　　　　　〕ほど長い年月。

9 **「真っ白な百合《ゆり》」（一〇三・9）と、女のイメージの共通点について二点にまとめて説明しなさい。** ▼脚問4

〔　　　　　〕

〔　　　　　〕

10 **「暁の星」（一〇三・12）、すなわち「暁星《ぎょうせい》」とは「金星」のことだが、またの名を何と言うか。五字で記しなさい。**

〔　　　　　〕

全体

11 新傾向 **「第一夜」を読んだ感想について、四人の生徒が発言している。「第一夜」の感想として適当なものを、次から選びなさい。**

生徒A：美しい女や大きな赤い日、真っ白な百合による美しい夢の世界を描き出すことで、美しいことばかりとはいえない現実の厳しさを忘れようとしている作品だね。

生徒B：女の行動の不可解さや時間の流れ方の不確かさを描くことで、夢のもろさ、はかなさを表していると思うよ。

生徒C：夢の中のことがらですら思うままにはならないことを示し、人生の無常さを描き出すことで読者に教訓を与えているように思えるな。

生徒D：夢という設定を生かして、女の美しさ、時間の不思議さを重層的に描き、幻想的な世界を作り上げている作品だと思う。

生徒〔　〕

〔第六夜〕

第一段落（初め～p.106 ℓ.3）

1 **「護国寺の山門」（一〇四・1）の風景についてまとめた次の文章の空欄にあてはまる語句を、本文中から抜き出しなさい。（句読点を含む）**

山門の前〔①〕間の所に大きな〔②〕があり、その幹が斜めに〔③〕塗りの山門の〔④〕を隠して伸びている。松が上に伸びるほど幅を広く屋根まで突き出しているさまはなんとなく〔⑤〕であり、〔⑥〕時代を思わせる。

①〔　〕 ②〔　〕 ③〔　〕 ④〔　〕 ⑤〔　〕 ⑥〔　〕

2 **「尻をはしょって、帽子をかぶらずにいた」（一〇六・2）男を「自分」が「無教育な男」と思った理由を、男の言葉から説明しなさい。** ▼脚問6

〔　　　　　〕

第二段落

3 **運慶について述べた次の文章の空欄にあてはまる語句を、本文中から抜き出しなさい。**

運慶は見物人の評判には〔①〕頓着なく鑿と〔②〕を動かし、一向振り向きもしない。頭に小さい〔③〕のようなものを乗せ、〔④〕だかなんだかわからない大きな袖を背中でくくっている。見物する自分を含めた明治の人間とはまるで釣り合いがとれないさまがいかにも〔⑤〕い。

第二段落（p.106 ℓ.4〜p.107 ℓ.10）

4 **運慶が生きているのが「不思議なこと」（一〇六・9）に思えるのはなぜか。説明しなさい。**

〔　　　　〕

5 **「自分はこの言葉をおもしろいと思った」（一〇六・14）理由として適当なものを、次から選びなさい。** ▼脚問7

ア　尻をはしょって、帽子もかぶらずにいて、よほど無教育な男だと見下していた人物が、奇遇にも自分が感じていたことと重なるような、核心を突いた意見を述べたから。

イ　見物人の下馬評にも一切耳を貸すことなく一心不乱に鑿と槌を動かす運慶の様子に自分が感心していたところに、ちょうどよく我が意を得た言葉が一人の若い男から発せられたから。

ウ　運慶の眼中に見物人としての明治の人間が映っていないことに気がついた自分と同じように、鎌倉と明治との時代の差に思い至った人物がいることに驚きを隠せなかったから。

エ　周囲の人々がみな仁王についてのことばかり述べている中で、運慶に着目した視点が独創的であると思ったから。

〔　　〕

①
②
③
④
⑤

第二段落

6 **「大自在の妙境」（一〇六・16）とはどういうことか。その説明として適当なものを次から選びなさい。**

ア　思いのままに彫りすすむことができる卓越した技を持っていること。

イ　異様な熱意を持って物事に集中すること。

ウ　失敗を恐れず、物事に積極的にかかわること。

エ　作品がもう最後の仕上げに差しかかっていること。

〔　　〕

7 **「彫刻とはそんなものか」（一〇七・11）とあるが、「自分」の捉えた彫刻とはどのようなものか。説明しなさい。** ▼脚問8

〔　　　　〕

第三段落（p.107 ℓ.11〜終わり）

8 **家に帰り次々と薪を彫ってみた「自分」が「明治の木にはとうてい仁王は埋まっていないものだ」（一〇八・3）と悟り「運慶が今日まで生きている理由」（一〇八・4）を理解したのはなぜか。その説明として適当なものを次から選びなさい。**

ア　死んだと思われていた運慶が、実は護国寺で生き延びていたことに、今日になるまで気がつかなかったことを悟ったから。

イ　運慶は俗物的な明治の人間を超越した彫刻家であって、その彼による作品は時代を超えて残っていくものだと気づいたから。

ウ　護国寺で見た光景が夢であることに気づき、鎌倉時代の運慶をこの目で見たことがにわかに信じられなくなったから。

エ　すぐれた腕を持つ運慶ならば、明治の木から仁王を彫り出せるかもしれないと感じたから。

〔　　〕

学習目標　本文の内容や論理の展開を捉え、筆者の問題意識を読み取る。

現代の「世論操作」（林香里）

教科書p.112〜p.119

検印

漢字　知識・技能

1 太字の仮名を漢字に直しなさい。

- p.112 ℓ.1 ①**どくさい**〔　〕者の政治。
- ℓ.4 ②データ**ぶんせき**〔　〕。
- ℓ.8 ③選挙運動の**さんぼう**〔　〕。
- p.113 ℓ.5 ④**てってい**〔　〕的に収集する。
- ℓ.9 ⑤雑誌に写真を**の**〔　〕せる。
- ℓ.16 ⑥友達**しんせい**〔　〕される。
- p.114 ℓ.3 ⑦データを**きゅうごう**〔　〕する。
- ℓ.4 ⑧客を**ゆうどう**〔　〕する。
- ℓ.10 ⑨過去を**こくふく**〔　〕する。
- p.115 ℓ.4 ⑩チームからの**りだつ**〔　〕。
- p.116 ℓ.1 ⑪大量に**かくさん**〔　〕する。
- ℓ.9 ⑫私たちの**にんむ**〔　〕。
- p.117 ℓ.7 ⑬**じゅうらい**〔　〕の行動。
- ℓ.8 ⑭夜**う**〔　〕ち朝駆けの毎日。
- ℓ.13 ⑮**れんけい**〔　〕する。
- ℓ.14 ⑯**がいとう**〔　〕にあるカメラ。
- p.118 ℓ.7 ⑰日常に**へんざい**〔　〕する。

2 太字の漢字の読みを記しなさい。

- p.112 ℓ.2 ①世論を**操作**〔　〕する。
- ℓ.5 ②**戦略**〔　〕を立てる。
- ℓ.11 ③**批判**〔　〕を浴びる。
- p.113 ℓ.7 ④いろいろな**仕掛**〔　〕け。
- p.114 ℓ.2 ⑤住民**登録**〔　〕をする。
- ℓ.5 ⑥**演説**〔　〕をぶつ。
- ℓ.5 ⑦**扇動**〔　〕的な物言い。
- ℓ.12 ⑧事件を**想起**〔　〕させた。
- p.116 ℓ.5 ⑨活動に**加担**〔　〕する。
- ℓ.10 ⑩権力を**監視**〔　〕する。
- ℓ.11 ⑪**首相**〔　〕を選ぶ。
- ℓ.16 ⑫背景が**不透明**〔　〕だ。
- p.117 ℓ.3 ⑬**自治体**〔　〕が利用する。
- ℓ.6 ⑭**便宜**〔　〕を図る。
- ℓ.13 ⑮情報の**蓄積**〔　〕。
- p.118 ℓ.7 ⑯監視の**手綱**〔　〕。
- ℓ.7 ⑰規制を**緩**〔　〕める。

語句　知識・技能

1 次の太字の語句の意味を調べなさい。

- p.114 ℓ.4 ①**人となり**が見えてくる。
- ℓ.5 ②**扇動的**に意見操作する。
- p.118 ℓ.7 ③監視の**手綱を緩める**。

2 次の空欄にあとから適語を選んで入れなさい。

- p.112 ℓ.4 ①〔　〕の立役者。
- p.114 ℓ.11 ②歴史の〔　〕の遺産。
- p.117 ℓ.2 ③監視する〔　〕もない。
- p.118 ℓ.5 ④希望の〔　〕。

（負　光　陰　術《すべ》）

3 次の語句を使って短文を作りなさい。

- p.113 ℓ.2 ①一躍
- p.114 ℓ.11 ②一貫して

論理の把握

1 空欄に本文中の語句を入れて、内容を整理しなさい。　思考力・判断力・表現力

第一段落（初め～p.116 ℓ.8）現代の「世論操作」の実例

かつてのような独裁者によるプロパガンダとは違う〔ア　　〕が行われる

例1　アメリカ大統領選（トランプ陣営のマイクロ・プロパガンダ）

ロシアからのツイート
ネットショッピング等
↓
人々が日常の中で少しずつ〔イ　　〕によって操作される

例2　ドイツ極右政党の躍進……タブーである〔ウ　　〕を掲げる政党

背後に〔エ　　〕を使った広報戦略

例3　イギリスEU離脱を問う国民投票

ロシアからEU離脱支持のツイートが四万五千回も〔オ　　〕される

→対抗意見を抑圧、〔カ　　〕するねらい

第二段落（p.116 ℓ.9～p.117 ℓ.15）見えにくくなっている権力

筆者「ジャーナリズムの第一の任務は権力を〔キ　　〕すること」

⇔

現代社会では「権力はどこにあるか？」「『権力』とは何なのか」が見えにくい

・ボットや〔ク　　〕…どこにあるのかわからない
・情報テック企業…データをどう活用しているかわからない・調べられない

←

メディア　従来の方法では監視が不十分

私たち　監視される立場（ICカード・クレジットカード・監視カメラ）

第三段落（p.117 ℓ.16～終わり）これからの権力に対して

情報空間を支配する企業や、選挙に影響を与える広告会社の動きに、突っ込んでいくジャーナリストの活動も生まれている

⇔しかし

権力のあり方＝〔ケ　　〕と〔コ　　〕の中、変化している

結論　ジャーナリズムは「権力」への〔サ　　〕の手綱を緩めてはいけない

要旨

1 空欄に本文中の語句を入れて、全体の要旨を整理しなさい。　思考力・判断力・表現力

現代の「〔ア　　〕」は、かつての〔イ　　〕なものから、日常の中で少しずつ人々を操作するスタイルに変わった。〔ウ　　〕分析をもとに、ネットメディアや広告、ボットによる〔エ　　〕によって意見を操作するのである。これらの操作を行う〔オ　　〕は非常に見えにくくなり、私たちの行動は監視されるようになった。ジャーナリズムは、〔カ　　〕と〔キ　　〕の中、あり方を変える「権力」を、しっかりと監視しなければいけない。

2 右を参考にして、要旨を百字以内にまとめなさい。

第一段落（初め～p.116 ℓ.8）

思考力・判断力・表現力

1 **「今、かつてのような、独裁者によるプロパガンダといったイメージとは違う形での世論操作が行われています。」（一一三・1）とあるが、Aかつての世論操作とB今の世論操作のスタイルを端的に説明している部分を第一段落の中から探し、解答欄の形式に合うように、本文中からそれぞれ二十字以内で抜き出しなさい。**

A　独裁者が〔　　〕するスタイル。

B　人々が〔　　〕されるスタイル。

A

B

2 **「水曜日の雨の朝に投票所に行かせることと、いつも使っている歯磨き粉のブランドを変えさせることは、さほど変わりはない」（一一三・3）とあるが、これはどのような考えに基づく発言か。次から選びなさい。**

ア　選挙の有権者と歯磨き粉の消費者は同じ人たちなので、歯磨き粉のキャンペーンに用いたデータは選挙にも流用できるという考え。

イ　人間の好みというものは同じようなものなので、人々を店舗に行かせるための仕掛けは、選挙においてもそのまま使えるという考え。

ウ　人間の行動を変えさせるのに必要なことは、データの分析とそれに基づく誘導であり、選挙か歯磨き粉かはたいした問題ではないという考え。

エ　人々に歯磨き粉を買わせるほうが、選挙で投票をさせるより原理的に難しいのだから、歯磨き粉で成功したなら選挙でも同じことができるという考え。

〔　　〕

第一段落（初め～p.116 ℓ.8）

3 新傾向 **「私のことを私より知っている」（一一三・13）について、四人の生徒が話をしている。次の中から「アマゾンが私のことを私より知っている」にはあてはまらない発言を選びなさい。** 脚問1

生徒A：アマゾンに「今月のおすすめ」という新刊情報が出ていておもしろそうだから買ってみようと思うんだ。

生徒B：僕もアマゾンでペンを買おうとしたら、「あなたにおすすめ」が出てきたからそこから選んだよ。

生徒C：私はいつも買う雑誌をアマゾンで注文したら、定期購入にするようすすめられたの。

生徒D：僕はアマゾンで前に買った商品の名前がわからなくなったから、関連語を入力したら履歴が出てきたよ。

生徒〔　　〕

4 **「人々」が「データによって操作されていく」（一一四・6）とはどういうことか。次の文の空欄にあてはまる語句を、本文中から抜き出して答えなさい。**

関連するデータを集めて照合することで見えてくるその人の〔　①　〕や〔　②　〕をもとに、人々の〔　③　〕が誘導されること。

①

②

③

5 **「ナショナリズムをタブーとしてきました」（一一四・12）について説明した次の文の空欄にあてはまる語句を、本文中から抜き出して答えなさい。**

ドイツでは〔　①　〕を想起させるナショナリズムはタブーであり、右翼政党はもちろん、その政党に協力することも問題視されたため、かつては選挙公報を担当する〔　②　〕も現れなかった。

①

②

第一段落（初め～p.116 ℓ.8）

6 ドイツとイギリスで行われた世論操作について、次の表中の空欄にあてはまる語句を、本文中から抜き出して答えなさい。 ▼学習二

ドイツ（極右政党躍進）	イギリス（EUからの離脱問題）
ハリス・メディア社が極右政党の宣伝を担当し、勝利に導いた ・さまざまな〔ア　　〕 ・女性を中心とした〔イ　　〕なイメージのポスター	ロシアから〔ウ　　〕を用いて、EU離脱を支持する内容の〔エ　　〕が四万五千回自動送信された

7 「アメリカ大統領選挙」で行われた「こうしたツイート作戦」（一一六・3）が不可視化しようとしたのはどのような情報か。簡潔に二つ答えなさい。

〔　　〕〔　　〕

第二段落（p.116 ℓ.9～p.117 ℓ.15）

8 新傾向 「権力」が「非常に見えにくくなって」（一一六・12）いる要因は何か。次からあてはまるものをすべて選びなさい。 ▼脚問2

ア　政治家が持つ権限の急激な増大。
イ　メディアの監視機能の絶対的な弱体化。
ウ　権力の所在を隠すような技術の発達。
エ　監視の対象となりにくい権力の出現。

〔　　〕

第二段落（p.116 ℓ.9～p.117 ℓ.15）

9 「逆に」（一一七・11）とあるが、筆者は「私たち」が本来どのような立場にあるべきだと考えているのか。簡潔に答えなさい。

〔　　〕

10 「ますます権力に監視される」（一一七・11）についてまとめた次の文の空欄にあてはまる語句を、本文中から抜き出して答えなさい。

交通ICカードや〔①　　〕で行動や〔②　　〕が記録され、〔③　　〕によって私たちの行動が見張られているということ。

①〔　　〕②〔　　〕③〔　　〕

第三段落（p.117 ℓ.16～終わり）

11 「そういう動き」（一一八・2）が説明されている文を本文中から抜き出し、初めの五字で答えなさい。

〔　　〕

12 新傾向 「希望の光」（一一八・5）とあるが、どのような点で「希望」が持てるのか。「権力」という語を用いて、「誰が何をしている点。」という形式にまとめ、四十字以内で説明しなさい。

〔　　〕

13 ジャーナリズムによる権力の監視を困難にしている、技術、社会の変化を表す語を、第三段落の中から二つ抜き出して答えなさい。

〔　　〕〔　　〕

学習目標　論理の展開を捉え、「フェアな競争」について筆者がどのように考えているかをつかむ。

フェアな競争（内田樹）

教科書p.121〜p.130

検印

漢字

1 太字の仮名を漢字に直しなさい。

- p.121 ℓ.3 ①**どじょう**〔　　〕の改良。
- p.121 ℓ.8 ②通信**もう**〔　　〕を整備する。
- p.122 ℓ.2 ③共同体の**そんりつ**〔　　〕。
- p.122 ℓ.9 ④モーターを**くどう**〔　　〕する。
- p.122 ℓ.10 ⑤市場の**きぼ**〔　　〕が大きい。
- p.123 ℓ.2 ⑥**じょうしき**〔　　〕に欠ける。
- p.124 ℓ.1 ⑦**むしょう**〔　　〕で手に入る。
- p.124 ℓ.16 ⑧サービスの**じゅえき**〔　　〕者。
- p.125 ℓ.2 ⑨働いて金を**かせ**〔　　〕ぐ。
- p.126 ℓ.15 ⑩大気を**おせん**〔　　〕する。
- p.126 ℓ.16 ⑪みんなが**めいわく**〔　　〕する。
- p.126 ℓ.16 ⑫将来に**かこん**〔　　〕を残す。
- p.127 ℓ.1 ⑬費用を**ふたん**〔　　〕する。
- p.127 ℓ.14 ⑭時間を**さ**〔　　〕く。
- p.128 ℓ.2 ⑮**げんそく**〔　　〕として認めない。
- p.128 ℓ.9 ⑯たいへん**ゆかい**〔　　〕だ。
- p.129 ℓ.2 ⑰数を**かんじょう**〔　　〕する。

2 太字の漢字の読みを記しなさい。　知識・技能

- p.121 ℓ.3 ①日本の**湖沼**〔　　〕。
- p.122 ℓ.5 ②専門的な**知見**〔　　〕。
- p.122 ℓ.6 ③**私念**〔　　〕に左右される。
- p.122 ℓ.16 ④病院に**担**〔　　〕ぎ込まれる。
- p.123 ℓ.5 ⑤**過半**〔　　〕を制した。
- p.123 ℓ.14 ⑥競争による**争奪**〔　　〕。
- p.124 ℓ.3 ⑦**上前**〔　　〕をはねる。
- p.124 ℓ.10 ⑧アメリカが**発祥**〔　　〕の地。
- p.124 ℓ.12 ⑨公教育を**導入**〔　　〕する。
- p.126 ℓ.9 ⑩原理に**据**〔　　〕える。
- p.127 ℓ.2 ⑪良心的な**企業**〔　　〕。
- p.127 ℓ.4 ⑫**軍配**〔　　〕が上がる。
- p.127 ℓ.8 ⑬水源が**枯渇**〔　　〕する。
- p.128 ℓ.1 ⑭私有に**委**〔　　〕ねる。
- p.128 ℓ.4 ⑮言葉を**尽**〔　　〕くす。
- p.128 ℓ.4 ⑯自分の考えを**説**〔　　〕く。
- p.128 ℓ.8 ⑰完全な**格差**〔　　〕社会。

語句

1 次の太字の語句の意味を調べなさい。　知識・技能

- p.124 ℓ.1 ①**虫のいい**人間。〔　　〕
- p.124 ℓ.13 ②毎日**刻苦勉励**する。〔　　〕

2 「一言一句」（一三五・8）のように、一番目と三番目の漢字が「一」で、次の意味になる四字熟語を答えなさい。

- ①質素な食事のこと。　一□一□
- ②喜んだり心配したりすること。　一□一□
- ③一生に一度の出会い。　一□一□

3 次の語句を使って短文を作りなさい。

- p.127 ℓ.13 ①せいぜい〔　　〕
- p.128 ℓ.16 ②洗いざらい〔　　〕

論理の把握

1 空欄に本文中の語句を入れて、内容を整理しなさい。 思考力・判断力・表現力 ▼学習一

第一段落（初め～p.123 ℓ.2）	第二段落（p.123 ℓ.3～p.125 ℓ.15）	第三段落（p.125 ℓ.16～p.128 ℓ.3）	第四段落（p.128 ℓ.4～終わり）
序論	本論Ⅰ	本論Ⅱ	結論
社会的共通資本＝〔ア　〕の存立に不可欠で、個人が私有してはならない ・〔イ　〕…大気、海洋、河川、湖沼、森林、土壌 ・〔ウ　〕…道路、上下水道、通信網、電気、ガス ・〔エ　〕…行政、司法、医療、教育 社会的共通資本の管理運営には、政治イデオロギーと〔オ　〕は関与してはならない。――制度論の常識	この常識がもう通らない。この社会にあるものはすべて「誰かの〔カ　〕」であっていいという考え方をするリバタリアンが増えてきた。 リバタリアンの主張 （すべての〔キ　〕は「フェアな競争」によって奪取されるべきで、努力もしなかった人々に「社会的共通資本」が分配されるのはアンフェアだ。） 一見すると〔ク　〕的だが、もし十九世紀のアメリカでこのロジックが通り、公立学校が作られなかったら、経済成長を支えてきた多くの人材を失うことになっただろう。	フェアな競争…長期的に見ると、集団の存続を土台から脅かすリスクを含む 〈理由〉自分が居住する予定のない場所や、自分が〔ケ　〕後の世界はどうなっても構わないと思い切れる人間が、「フェアな競争」では圧倒的なアドバンテージを持ち、同時代の競争相手からだけでなく、競争に参加していない人、できない人たちからもパイを奪ってしまうから。 そういう競争を抑止するためには、「勝者以外の人間にも地球上の資源の正当な分配に与る〔コ　〕がある」ということについての〔サ　〕が必要だ。	筆者の意見 完全な〔シ　〕社会というものは、地球全域にわたって、長期に存立することはできない。今の日本で、「〔ス　〕を勘定に入れる」習慣を持たない人たちを「リアリスト」と呼ぶことに、僕はどうしても同意することができない。

要旨

1 空欄に本文中の語句を入れて、全体の要旨を整理しなさい。 思考力・判断力・表現力

〔ア　〕の存立に不可欠な社会的共通資本には、〔イ　〕、社会的インフラ、制度資本の三種類がある。これらの資本は共同体成員の全員が「自分の割り前」を保証されているが、これを受けつけず、有用な資源は「〔ウ　〕な競争」で奪取されるべきだと考える〔エ　〕が増えたことで、集団の存立を脅かしている。これを制止するためには、「〔オ　〕以外の人間にも地球上の資源の正当な分配に与る権利がある」という〔カ　〕が必要だ。

2 右を参考にして、要旨を百字以内にまとめなさい。

内容の理解

思考力・判断力・表現力

第一段落（初め～p.123 ℓ.2）

1 「本文中に示されている三種類の「社会的共通資本」（一二二・1）について、次の問いに答えなさい。

(1) これらに共通する条件を「～ということ。」という形で二点答えなさい。 ▼脚問1

〔　　　〕

〔　　　〕

(2) 「一一〇番に掛けるとおまわりさんが駆けつける」（一二二・15）という具体例は、三種類の社会的共通資本のうちのどれに該当するか、答えなさい。

〔　　　〕

2 「社会的共通資本の運営管理には、政治イデオロギーと市場経済は関与してはならない」（一二二・7）理由として、適当なものを次から選びなさい。

ア　政治イデオロギーと市場経済を動かす私念と私欲はそもそも邪悪なものであり、皆の賛同が得られないから。

イ　政治イデオロギーと市場経済は変化が早く、その変化によって不変であるべき社会的共通資本の仕組みに影響が出てはいけないから。

ウ　私念・私欲をもとにした政治イデオロギーや市場経済は変化のスピードが速く、専門家でないと変化に対応できないから。

エ　社会的共通資本の運営管理に必要なスピード感に対応しようとすると、政治イデオロギーを駆動する私念に誤りが生じるから。

〔　　　〕

第二段落（p.123 ℓ.3～p.125 ℓ.15）

3 「この『常識』」（一二三・3）とはどういう常識か。解答欄の形式に合うように、本文中から三十字以内で抜き出しなさい。

〔　　　　　　　　　　〕という常識。

4 「そういう考え方」（一二三・13）の内容を解答欄の形式に合うように、二十五字以内で説明しなさい。

〔　　　　　　　　　　〕という考え方。

5 「自己努力の成果たる資源」（一二四・4）とあるが、ここでの「資源」として適当なものを次から選びなさい。 ▼脚問2

ア　自分が努力した結果獲得した地位や名声。

イ　自分が払った税金で整備されている社会的共通資本。

ウ　自分の職業を自由に選択できる権利。

エ　大気や水など自然から得られる自然資源。

〔　　　〕

6 「十九世紀のアメリカの……公教育の導入に反対した」（一二五・7～8）とあるが、その理由として適当なものを次から選びなさい。

ア　努力をしなかった人の子供に教育を受けさせることで、努力をする必要はないという考え方が世の中に広まることを危惧したから。

イ　自分が手にした財産は、すべて自分の子供に引き継ぐべきだと思い込んでいたから。

ウ　自分が払った税金によって他者が利益を得て、その他者によって自分の子弟が不利益を受ける可能性があることを危惧したから。

エ　一度公教育を導入するとそれを維持するために、今まで以上に働いて納税することを要求されると考えたから。

〔　　　〕

第三段落（p.125 ℓ.16〜p.128 ℓ.3）

7 「集団の存続を土台から脅かすリスクを含んでいます。」（一二六・2）とあるが、筆者は「フェアな競争」を続けることでどのようになることを予想しているのか。筆者が予想する内容を具体的に述べている箇所を本文中から百三十字程度で抜き出し、初めと終わりの五字で答えなさい。

〜

8 「圧倒的なアドバンテージを持つことになります。」（一二六・14）とあるが、その理由として適当なものを次から選びなさい。

ア　他者や未来のことを考慮に入れないことで、現在の自身の状況を冷静に把握することができるから。

イ　他者や未来のために負担する費用を確保しようとすることが、コスト削減意識を向上させることになるから。

ウ　他者や未来のことは後回しにして得た自分の利益が、結果として社会的インフラを整備するための税金となるから。

エ　他者や未来に対して負担すべき費用をすべて、自分が競争に勝つために使うことができるから。

〔　　〕

9 「『フェアな競争』のピットフォールはそこにあります。」（一二七・6）とあるが、「そこ」の指示する内容を解答欄の形式に合うように、本文中から二十二字で抜き出しなさい。（記号は字数に含める）　▼脚問6

ところ。

10 「『競争の勝者で……『常識的』なルール」（一二七・13〜15）を言い換えた箇所を本文中から十八字で抜き出しなさい。（記号は字数に含める）

第四段落（p.128 ℓ.4〜終わり）

11 「『未来を勘定に入れる』習慣を持たない人たち」（一二九・2）とはどういう人たちか。「今」「自分」「共同体」という語を用いて、五十字以内で説明しなさい。

全体

12 新傾向　本文中に見られる構成や表現の工夫についての説明として適当なものを、次からすべて選びなさい。　▼言葉三

ア　タイトルで「フェアな競争」と示すことで、競争によって社会的共通資本が分配される人とされない人が出てくるのは道義的に正しいことを読者に暗示している。

イ　「〜のです」などの読者に呼びかけるような表現を用いることで、読者が身構えることなく、筆者の主張に寄り添えるようにしている。

ウ　「クールかつリアル」「フリーライダー」など多くのかたかな言葉を用いることで、読者に新鮮な印象を与えながら、現在の社会状況を生き生きと描き出している。

エ　「この空気はオレのものだから他の人間は吸うな」というような極端な事例をあげることで、読者に筆者の主張は特殊で過激なものだと印象づけている。

オ　リバタリアンの主張と十九世紀アメリカの有産階級の人々の考えとの類似性を指摘することで、両者の考え方の正当性を示している。

カ　冒頭で話題の前提となる「公共性」を確認させたうえで、リバタリアンの主張を示すことで、未来を見据えることの重要性を述べている。

〔　　〕

学習目標　物語の語り手が置かれている状況や体験談の内容を理解する。

鏡（村上春樹）

教科書 p.132～p.141

検印

漢字

知識・技能

1 太字の仮名を漢字に直しなさい。

① **じょうしき**〔　　〕を超えている。（p.132 ℓ.4）
② 個人的な**けいこう**〔　　〕。（p.132 ℓ.10）
③ 国境で**ふんそう**〔　　〕が続く。（p.134 ℓ.3）
④ 各地を**ほうろう**〔　　〕した。（p.134 ℓ.9）
⑤ **けっこう**〔　　〕新しい校舎。（p.135 ℓ.2）
⑥ **さいほう**〔　　〕は得意だ。（p.135 ℓ.3）
⑦ **こうどう**〔　　〕で集会を開く。（p.135 ℓ.4）
⑧ **かいちゅう**〔　　〕電灯を持つ。（p.135 ℓ.10）
⑨ 日本刀の**しんけん**〔　　〕。（p.135 ℓ.12）
⑩ むし暑い**きこう**〔　　〕。（p.135 ℓ.15）
⑪ 一**ばん**〔　　〕中眠れなかった。（p.136 ℓ.2）
⑫ **ふきそく**〔　　〕に動く。（p.137 ℓ.1）
⑬ 鏡に姿が**うつ**〔　　〕る。（p.138 ℓ.2）
⑭ **きみょう**〔　　〕なことに気づく。（p.138 ℓ.10）
⑮ **ひょうざん**〔　　〕が浮かぶ。（p.138 ℓ.17）
⑯ 部屋に**か**〔　　〕けこむ。（p.139 ℓ.10）
⑰ **きょうふ**〔　　〕を味わう。（p.140 ℓ.6）

2 太字の漢字の読みを記しなさい。

① **幽霊**〔　　〕の話。（p.132 ℓ.4）
② **予知夢**〔　　〕を見た。（p.133 ℓ.1）
③ **散文**〔　　〕的な人生。（p.133 ℓ.9）
④ **拍手**〔　　〕をする。（p.133 ℓ.16）
⑤ 体制を**打破**〔　　〕する。（p.134 ℓ.3）
⑥ **若気**〔　　〕のいたり。（p.134 ℓ.6）
⑦ 中学校の**夜警**〔　　〕をする。（p.134 ℓ.9）
⑧ 床の上に**寝転**〔　　〕ぶ。（p.135 ℓ.7）
⑨ 相手は**素人**〔　　〕だ。（p.135 ℓ.11）
⑩ **一目散**〔　　〕に逃げる。（p.135 ℓ.12）
⑪ 見回りの**仕度**〔　　〕をする。（p.136 ℓ.9）
⑫ **下駄**〔　　〕箱の横を通る。（p.138 ℓ.1）
⑬ **縦長**〔　　〕の大きな鏡。（p.138 ℓ.4）
⑭ **街灯**〔　　〕の光が入る。（p.138 ℓ.7）
⑮ 指先が**顎**〔　　〕に触れる。（p.139 ℓ.5）
⑯ 頭から**布団**〔　　〕をかぶる。（p.139 ℓ.11）
⑰ 太陽が**昇**〔　　〕る。（p.140 ℓ.1）

語句

知識・技能

1 次の太字の語句の意味を調べなさい。

① **虫の知らせ**を感じる。（p.132 ℓ.5）
〔　　〕
② 実に**散文的**な人生だよな。（p.133 ℓ.9）
〔　　〕
③ **一目散**に逃げ出す。（p.135 ℓ.12）
〔　　〕

2 次の空欄にあとから適語を選んで入れなさい。

① 時代の〔　　〕に呑みこまれた。（p.134 ℓ.4）
② 見回りの〔　　〕は抜かなかった。（p.135 ℓ.8）
③ 〔　　〕には自信がある。（p.136 ℓ.11）
④ 〔　　〕のせいだと言われた。（p.136 ℓ.11）
⑤ 〔　　〕を決して行くことにする。（p.136 ℓ.12）
（波　腕　手　意　気）

3 次の語句を使って短文を作りなさい。

① 若気のいたり（p.134 ℓ.6）
〔　　〕
② 何かしら（p.136 ℓ.10）
〔　　〕

展開の把握

1 次の空欄に本文中の語句を入れ、内容を整理しなさい。

第一段落（初め～p.134 ℓ.2）	第二段落（p.134 ℓ.3～p.135 ℓ.4）	第三段落（p.135 ℓ.5～p.139 ℓ.14）	第四段落（p.139 ℓ.15～終わり）
心の底から怖いと思った経験を話すまで	「僕」の夜警の仕事	あの夜味わった恐怖	鏡が一枚もない生活へ
「僕」の自宅で〔ア　〕を話す。 →ふたつに〔イ　〕できる。→「僕」はどちらの経験もない。 ・生の世界と〔ウ　〕の世界がクロスする話 ・三次元的な常識を超えた現象や能力が存在する話 僕　ただ一度だけ心の底から〔エ　〕と思った体験を話す。	僕　大学に進まず、肉体労働をしつつ〔オ　〕をさまよっていた。 放浪二年めに新潟の中学校の夜警をした。 午後九時と午前三時に一人で校舎の〔カ　〕をした。→怖くない。	十月初めの夜、九時の見回りの時には何も起こらず、三時の見回り時は……。 僕　〔キ　〕がして見回りをしたくなかった。→意を決して行く。 〔ク　〕はなく、用務員室に戻ろうとする。 僕　玄関の〔ケ　〕の中に何かの姿が見えたような気がした。 →鏡に映る自分の姿だった。 ほっとして煙草《たばこ》を吸う。→鏡の中の像は僕ではなく、〔コ　〕を心底憎んでいる者であることに気づく。 僕　動けなくなり、鏡の中の像に〔サ　〕されそうになる。 →木刀を鏡に投げつけて走って逃げた。	翌日、玄関に煙草の吸殻《すいがら》と木刀は落ちていたが、〔シ　〕はなかった。 僕が見たもの＝ただの〔ス　〕だった。 ★あの夜の〔セ　〕はいまだに忘れることができない。 ★人間にとって、〔ソ　〕以上に怖いものはない。 →今でも家には鏡が一枚もない。

2 次の空欄に本文中の語句を入れて、場面設定をまとめなさい。　思考力・判断力・表現力

場面設定

第一・四場面＝参加者が怖い〔ア　〕を話す場面。

いつ …主人公（「僕」）の体験（回想）から〔イ　〕以上たったある夜。

どこ …主人公の家→〔ウ　〕が一枚もない。

第二・三場面（回想）＝主人公が仕事中に〔エ　〕体験をした場面。

いつ …高校を卒業してから〔オ　〕めの秋。

どこ …〔カ　〕の仕事をしている中学校。

主題

●次の空欄に本文中の語句を入れて、全体の主題を整理しなさい。　思考力・判断力・表現力

放浪二年めの僕は、中学校の〔ア　〕をした。ある夜、見回りの時間に目覚めると変な気がした。それでも無理に見回りに行くと、〔イ　〕の中で何かが見えた気がした。それは〔ウ　〕に映る僕の姿だったが、鏡の中の像は僕以外の僕で、〔エ　〕を心底憎んでいることに気づいた。さらに像が僕を〔オ　〕しようとしたので、走って逃げた。翌日玄関に行ってみると、鏡はなかった。人間にとって、自分自身が最も〔カ　〕と思い知らされた話である。

内容の理解

思考力・判断力・表現力

第一段落（初め〜p.134 ℓ.2）

1 「さっきからずっとみんなの体験談を聞いてるとね」（一三三・1）について、次の問いに答えなさい。

(1) この文章から物語が始まることにはどのような効果があるか。次から選びなさい。

ア 集まりに途中から参加してそれまでの話を聞き逃してしまったかのような、読者を残念な気持ちにさせる効果。

イ 状況説明を、地の文ではなく語り手の親しげな言葉を用いて行うことで、読者を冒頭から挑発する効果。

ウ 読者もその場にいて語り手の話を直接聞いているような気持ちにさせ、一気に物語に引き込む効果。

エ 「さっきから」とはいつからなのか、「体験談」とは何の体験なのか、と読者に次々と疑問を抱かせ、不安感を募らせる効果。

〔　　〕

(2) 物語の語り手が置かれた状況をより詳しく説明している一文を抜き出し、初めと終わりの五字で答えなさい。（句読点を含む）

□□□□□ 〜 □□□□□

2 「三次元的な常識」（一三三・4）とはどういうものか。次から選びなさい。

ア 社会の中で守るべきルール。　イ 現代人にとって当たり前の知識。

ウ 空間に対する人間の感覚。　エ 科学的に説明のつかない事柄。

〔　　〕

3 「散文的な人生」（一三三・9）とはどういうものか。次から選びなさい。　▼脚問2

ア 単調で情趣に乏しい人生。　イ 筋道を立てて語りやすい人生。

ウ 散漫で一貫性のない人生。　エ 明確でおもしろみに欠ける人生。

〔　　〕

第二段落（p.134 ℓ.3〜p.135 ℓ.4）

4 「そういうのが正しい生き方だと思ってた。」（一三四・5）とあるが、それはどのような生き方か。解答欄の形式に合うように、本文中から四字で抜き出しなさい。　▼脚問3

□□□□ を信条とした生き方。

5 「中学校の夜警をやった。」（一三四・9）とあるが、「僕」は「夜警」という仕事をどのように捉えているか。二十字以内で説明しなさい。

6 「体が起きようとする僕の意志を押しとどめてるような感じ」（一三六・7）とあるが、これはどのような状態なのか「理性」「気分」の二字を使って二十字以内で説明しなさい。

第三段落（p.135 ℓ.5〜p.139 ℓ.14）

7 「意を決して行くことにした」（一三六・12）のはなぜか。三十字以内で説明しなさい。

8 「嫌な夜だったよ。」（一三六・15）とあるが、どのようなことに対して「嫌だ」と感じたのか。適当でないものを次から選びなさい。

ア 九時に見回ったときよりも、さらに湿度が高くなっていたこと。

イ プールの仕切り戸が、不規則で耳障りな音を立てていたこと。

ウ 蚊が多いのが気になって、うまく集中できなかったこと。

エ 台風が近いため、風が強まっていたこと。

〔　　〕

第三段落（p.135 ℓ.5〜p.139 ℓ.14）

9「僕はほっとすると同時に馬鹿馬鹿しくなった」（一三八・5）のはなぜか。本文中の語句を用いて四十字以内で説明しなさい。

10「僕がそうあるべきではない形での僕」（一三八・13）について、次の問いに答えなさい。

(1)「僕がそうあるべきではない形での僕」とは、どのような「僕」か。次から選びなさい。

ア　鏡を家に置くことも、見ることもできない、怖がりな自分。
イ　少々のことなら怖がらずに立ち向かうことのできる勇敢な自分。
ウ　かつて学生運動をしていたころの、体制打破に燃えていた自分。
エ　夜警の仕事の手順をきちんとこなす手抜きをしない自分。

〔　　〕

(2)「僕がそうあるべきではない形での僕」は、第三段落のこの部分よりあとでは何と表現されているか。抜き出しなさい。

〔　　　　〕

第四段落（p.139 ℓ.15〜終わり）

11「この家に鏡が一枚もない」（一四〇・9）とあるが、このように述べることにはどのような効果があるか。次から選びなさい。

ア　「僕」にとっての恐怖の深さを、読者にあらためて印象づける効果。
イ　「僕」の語る思い出話の世界から、現在の世界へと読者を引き戻す効果。
ウ　「僕」のユーモアで、読者をほっとさせる効果。
エ　「僕」が器用な人間であることを、読者に知らせる効果。

〔　　〕

全体

12 新傾向　左の図はこの文章の展開をまとめたものである。空欄にあてはまる言葉を次から選んで書きなさい。（同じ言葉を二度使ってはならない）

超能力	恐怖	木刀	幽霊	憎しみ	
体制打破	鏡	自分自身	楽		

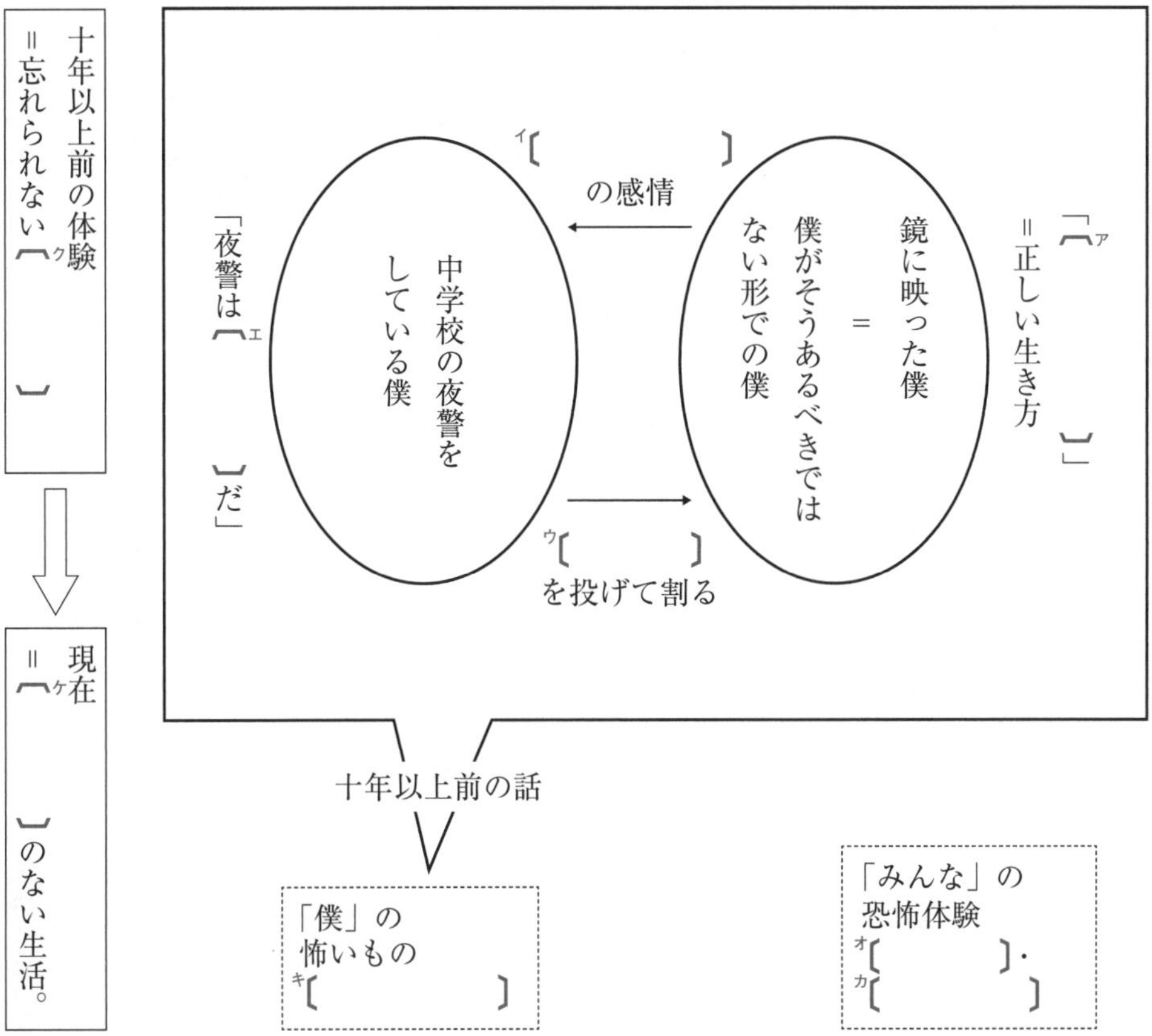

学習目標　事実と意見の関係を捉えて本文を読解し、筆者の主張を理解する。

「私作り」とプライバシー（阪本俊生）

教科書 p.144～p.147

検印

漢字　知識・技能

1 太字の仮名を漢字に直しなさい。

p.144
- ℓ.4 ① **ばいめい**〔　　〕行為に走る。
- ℓ.4 ② プライバシー**ほご**〔　　〕。
- ℓ.4 ③ 主張を**うった**〔　　〕える。
- ℓ.9 ④ 議論に**さいてい**〔　　〕を下す。

p.145
- ℓ.2 ⑤ 聖人**くんし**〔　　〕の物語。
- ℓ.3 ⑥ 身が**はめつ**〔　　〕する。
- ℓ.3 ⑦ 嘘《うそ》をつく**おろ**〔　　〕か者。
- ℓ.3 ⑧ **けっぱく**〔　　〕を証明する。
- ℓ.4 ⑨ イメージを**いじ**〔　　〕する。
- ℓ.9 ⑩ 情報を**はっしん**〔　　〕する。
- ℓ.9 ⑪ **たち**〔　　〕打ちできない。
- ℓ.12 ⑫ 問題の**かくしん**〔　　〕。
- ℓ.12 ⑬ 主導権を**にぎ**〔　　〕る。
- ℓ.18 ⑭ **しんきょう**〔　　〕の変化。

p.146
- ℓ.8 ⑮ 主体的な**せんたく**〔　　〕。
- ℓ.9 ⑯ 権利の**しんがい**〔　　〕。
- ℓ.13 ⑰ **しょうきょく**〔　　〕的な発言。

2 太字の漢字の読みを記しなさい。

p.144
- ℓ.2 ① 私生活を**暴露**〔　　〕される。
- ℓ.2 ② 社会に**憤慨**〔　　〕する。
- ℓ.4 ③ 物事の**捉**〔　　〕え方。
- ℓ.6 ④ 勝手に**詮索**〔　　〕される。
- ℓ.8 ⑤ 病気の予防**措置**〔　　〕。
- ℓ.9 ⑥ 物語化を**阻止**〔　　〕する。
- ℓ.10 ⑦ 対立の**構図**〔　　〕。

p.145
- ℓ.3 ⑧ 勧善**懲悪**〔　　〕の話。
- ℓ.3 ⑨ **清廉**〔　　〕な人物。
- ℓ.9 ⑩ 自然の前では**非力**〔　　〕だ。
- ℓ.9 ⑪ **逆手**〔　　〕に取る。
- ℓ.12 ⑫ 目撃者が**現**〔　　〕れる。
- ℓ.14 ⑬ **独**〔　　〕り歩きする。
- ℓ.16 ⑭ **昨今**〔　　〕の社会の動き。
- ℓ.17 ⑮ **趣味**〔　　〕を公表する。
- ℓ.18 ⑯ **画期**〔　　〕的な手段。

p.146
- ℓ.8 ⑰ 主体的な判断に**委**〔　　〕ねる。

語句　知識・技能

1 次の太字の語句の意味を調べなさい。

- p.144 ℓ.4 ① 彼の発言に**眉をひそめる**。
〔　　　　〕
- ℓ.12 ② 誰が「私作り」の**イニシアティブ**をとるか。
〔　　　　〕
- p.145 ℓ.9 ③ マスメディアの力を**逆手に取る**。
〔　　　　〕

2 次の空欄にあとから適語を選んで入れなさい。

- p.144 ℓ.7 ① 彼女は読書好きで、いつも本を読んでいる。〔　　〕本の虫なのだ。
- p.145 ℓ.9 ② 今大会で〔　　〕誰が優勝するだろうか。
- ℓ.9 ③ 今から急いでも〔　　〕間に合わない。

（ とても　いわば　はたして ）

3 次の語句を使って短文を作りなさい。

- P.144 ℓ.7 ① 出鼻をくじく
〔　　　　〕
- P.145 ℓ.13 ② コントロール
〔　　　　〕

論理の把握

1 空欄に本文中の語句を入れて、内容を整理しなさい。 思考力・判断力・表現力

第一段落（初め～p.144 ℓ.13）

タレント ― 私生活の情報 ← マスメディア

⇩

捉え方①：〔ア　　　〕や売名行為
捉え方②：他人による勝手な物語化への予防措置
｝どちらとも言える

＊「私作り」の〔イ　　　〕を誰が取るかが
プライバシーと深く関わっている

第二段落（p.145 ℓ.1～p.145 ℓ.15）

マスメディア
社会に売り込みやすい〔ウ　　　〕の物語を作ろうとする
↓タレントのイメージにとっては〔エ　　　〕なことが多い

タレント ←「私作り」の主導権争い→ マスメディア

自分に都合のいい〔オ　　　〕イメージを作り、維持したい
↕個人の〔カ　　　〕はマスメディアに比べて非力
↓マスメディアの力を逆手に取って、自分の望む情報を先に流す

マスメディアによって自分のイメージが作られてしまいそうな人たち
…自分自身の情報を自らコントロールする重要度が高い

〔キ　　　〕…マスメディアに対抗できる情報発信ツール
「私作り」の主導権を確保する画期的な手段

第三段落（p.145 ℓ.16～p.146 ℓ.6）

ごく一部の人々の話にも思える
⇔だが
＊一般的にプライバシーとは「私作り」の〔ク　　　〕の問題
「私作り」は個人の主体的な意思や選択に委ねられる個人の権利
他人が勝手に個人の自己＝「私」を作ろうとするとき→プライバシー侵害を訴える

第四段落（p.146 ℓ.7～終わり）

プライバシーとは
自分に関する情報の流れをコントロール…〔ケ　　　〕側面
自分の情報を作っていく…〔コ　　　〕側面
｝両面からの理解が必要

要旨

1 空欄に本文中の語句を入れて、全体の要旨を整理しなさい。 思考力・判断力・表現力

プライバシーは「私作り」の〔ア　　　〕を誰が取るかということに深く関わっている。「私作り」の主導権が奪われ、他人が勝手に「私」の〔イ　　　〕を作ろうとし始めるとき、私たちはプライバシーの〔ウ　　　〕を訴える。プライバシーは、自己に関するイメージを自ら〔エ　　　〕する権利であるという消極的側面とともに、いかに自分の情報を〔オ　　　〕いけるかという積極的側面からも理解していく必要がある。

2 右を参考にして、要旨を百字以内にまとめなさい。

内容の理解

思考力・判断力・表現力

第一段落（初め～p.144 ℓ.13）

1 「タレントがその私生活を自分からマスメディアに公表する」（一四四・1）とあるが、その目的としてどのようなことがあげられているか。本文中から二点探し、それぞれ①十字以内と②二十字以内で抜き出しなさい。

①

②

2 「売名行為か物語化の阻止か。このことに裁定を下すつもりはない」（一四四・9）とあるが、それはなぜか。適当なものを次から選びなさい。

ア　情報公開が最終的にどのような効果をもたらしたかではなく、タレント自身が公開したいと考えた情報の内容に着目すべきだから。

イ　タレントが情報公開をした場合だけでなく、情報公開をしなかった場合も含めて考察することが必要だから。

ウ　情報公開はどちらの効果も持つので裁定に意味はなく、むしろそれによって「私作り」の権利が誰の手に渡ったかが重要だから。

エ　タレントの情報公開は売名のためでも物語化を阻止するためでもなく、マスメディアの詮索を防ぐために行われるものだから。

〔　　〕

3 「『私作り』の主導権をめぐる対立」（一四五・1）が起こるのはなぜか。本文中から四十五字以内で抜き出し、初めと終わりの五字で答えなさい。

～

4 「マスメディア」が「彼らが作った物語的イメージ」（一四五・8）を広めようとするのはなぜか。本文中の語句を用いて十字以内で答えなさい。

第二段落（p.145 ℓ.1～p.145 ℓ.15）

5 「ここには」（一四五・12）とあるが、「ここ」がさすのは何か。解答欄の形式に合うように、四十五字以内で説明しなさい。

タレントがマスメディアの力を利用し、　　　　を持とうとすること。

第三段落（p.145 ℓ.16～p.146 ℓ.6）

6 「『私作り』の主導権を確保するうえでは、画期的な手段である。」（一四五・18）とあるが、なぜ「画期的」な手段と言えるのか。解答欄の形式に合うように、本文中から十一字で抜き出しなさい。

　　　　ことができるから。

全体

7 新傾向 「自分が社会でどのような人間かを自分自身でコントロールできること」（一四六・11）について四人の生徒たちが話し合いをしている。本文の内容にあてはまらないものを次から一つ選びなさい。

生徒A：芸能人でもないとふだんからは意識しにくいけれど、プライバシーについては自分の問題として認識しておいたほうがいいね。

生徒B：基本的には、自分にとって不本意な情報が流されていないかだけ気をつけておけばいいんだよ。

生徒C：最近は個人で情報を発信できるようなツールも多いし、そういうものもいざというときには活用できそう。

生徒D：自分がこんな人間でありたいという気持ちを、しっかり発信していきたいね。

生徒〔　　〕

学習目標　本文の内容を捉え、「AIは哲学できるか」という命題に対する筆者の考えを読み取る。

AIは哲学できるか（森岡正博）

教科書 p.148～p.150

検印

漢字　知識・技能

1 太字の仮名を漢字に直しなさい。

p.148 ℓ.1 ①人工**ちのう**〔　　〕の進歩。
ℓ.1 ②**しょうぎ**〔　　〕を指す。
ℓ.3 ③**せんもん**〔　　〕とする分野。
ℓ.8 ④答えを**ぶんせき**〔　　〕する。
ℓ.8 ⑤**りょういき**〔　　〕を広げる。
ℓ.9 ⑥**こうふく**〔　　〕な共同作業。
ℓ.11 ⑦**ちゅうしゅつ**〔　　〕する。
p.149 ℓ.2 ⑧AIの振る**ま**〔　　〕い。
ℓ.2 ⑨**けいさんき**〔　　〕を使う。
ℓ.3 ⑩**ぎもん**〔　　〕を抱く。
ℓ.6 ⑪**せつじつ**〔　　〕な願い。
ℓ.7 ⑫期日が**せま**〔　　〕る。
ℓ.11 ⑬新しい**じげん**〔　　〕を開く。
ℓ.11 ⑭目的地に**とうたつ**〔　　〕する。
ℓ.12 ⑮一般的な**ほうそく**〔　　〕。
ℓ.16 ⑯**きみょう**〔　　〕な配置。
ℓ.16 ⑰全く**ひび**〔　　〕かない。

2 太字の漢字の読みを記しなさい。

p.148 ℓ.1 ①趣味で**囲碁**〔　　〕を打つ。
ℓ.2 ②**例外**〔　　〕ではない。
ℓ.3 ③**哲学**〔　　〕的な思想。
ℓ.5 ④**過去**〔　　〕のテキスト。
ℓ.5 ⑤**最**〔　　〕も得意だ。
ℓ.6 ⑥新技術を**用**〔　　〕いる。
ℓ.12 ⑦**見逃**〔　　〕したパターン。
p.149 ℓ.1 ⑧**将来**〔　　〕の仕事。
ℓ.3 ⑨**根本**〔　　〕的な課題。
ℓ.4 ⑩会合を**設定**〔　　〕する。
ℓ.5 ⑪**内発**〔　　〕的な変化。
ℓ.7 ⑫**状況**〔　　〕を伝える。
ℓ.12 ⑬**自律**〔　　〕的活動。
ℓ.12 ⑭**普遍**〔　　〕的な性質。
ℓ.12 ⑮**真理**〔　　〕を追究する。
ℓ.13 ⑯いずれ取って**代**〔　　〕わる。
ℓ.16 ⑰人間とAIの**対話**〔　　〕。

語句　知識・技能

1 次の太字の語句の意味を調べなさい。

p.148 ℓ.1 ①科学の進歩が**目覚ましい**。〔　　〕
p.149 ℓ.5 ②哲学的思考**パターン**。〔　　〕
ℓ.12 ③**真理**を追究する。〔　　〕
ℓ.12 ④勉強した**証**し。〔　　〕

2 次の語の対義語を答えなさい。

p.148 ℓ.1 ①人工 ⇔〔　　〕
p.149 ℓ.7 ②結果 ⇔〔　　〕
ℓ.12 ③普遍 ⇔〔　　〕

3 次の語句を使って短文を作りなさい。

p.148 ℓ.2 ①例外〔　　〕
p.149 ℓ.13 ②取って代わる〔　　〕

論理の把握

1 空欄に本文中の語句を入れて、内容を整理しなさい。　思考力・判断力・表現力

第一段落（初め〜p.148 ℓ.4）

囲碁や将棋の世界…〔ア　　　〕は人工知能（ＡＩ）に勝てない
　←では
〔イ　　　〕の世界…学者の仕事は人工知能に置きかえられるか？

第二段落（p.148 ℓ.5〜p.149 ℓ.2）

筆者の想像するＡＩの未来①―「人工知能カント」
ＡＩに〔ウ　　　〕を読み込ませ、思考のパターンを発見させる
→アプリ「人工知能カント」を作る
　カント研究者の仕事＝人工知能に質問をして答えを分析

筆者の想像するＡＩの未来②―哲学的思考パターンのリスト
ＡＩに過去の〔エ　　　〕のテキストを読み込ませ、哲学的思考パターンを抽出
→「およそ人間が考えそうな哲学的思考パターンのほぼ完全なリスト」
　哲学者の仕事＝哲学的〔オ　　　〕の振る舞いの研究

第三段落（p.149 ℓ.3〜p.149 ℓ.8）

①、②のＡＩについての疑問　人工知能は本当に哲学の作業を行っているのか？
・入力されたデータの中に未発見の〔カ　　　〕を発見
・〔キ　　　〕の設定した問いに解を与える
} 哲学とは言えない

←
哲学＝自分自身にとって切実な問いを〔ク　　　〕に発するところからスタート

第四段落（p.149 ℓ.9〜p.149 ℓ.11）

人工知能が哲学をしている＝人工知能が自分自身にとって切実な哲学の問いを〔ケ　　　〕に発し、それについてひたすら考え始める
＝
人工知能が「人間」の次元に到達

第五段落（p.149 ℓ.12〜終わり）

知性＝〔コ　　　〕に基づいた自律的活動＋普遍的な法則や真理を発見できる思考能力
←┗将来の人工知能が人間に取って代わる
新しい「知性」＝従来の知性に加えて〔サ　　　〕も必要
　そのような「知性」を持つ人工知能と人間の対話→哲学の新しい次元

要旨

1 空欄に本文中の語句を入れて、全体の要旨を整理しなさい。　思考力・判断力・表現力

哲学者の研究は、〔ア　　　〕に置きかえられるだろうか。入力されたデータの中に未発見のパターンを発見したり、人間の設定した問いに解を与えたりするだけではなく、自分自身にとって切実な問いを〔イ　　　〕に発することができたならば、人工知能が〔ウ　　　〕をしていると言ってもよい。人間の次元に到達した〔エ　　　〕を持つ人工知能と人間の〔オ　　　〕が始まれば、哲学の新しい次元を開くことになるだろう。

2 右を参考にして、要旨を百字以内にまとめなさい。

内容の理解

第一段落（初め〜p.149 ℓ.4）

1「この点を考えてみよう」（一四八・4）とあるが、「この点」のさす内容を、本文中の語句を用いて四十字以内で答えなさい。　思考力・判断力・表現力

第二段落（p.148 ℓ.5〜p.149 ℓ.2）

2「人間によるオリジナルな哲学的思考パターンは生み出されようがない」（一四九・1）のはなぜか。次から選びなさい。

ア　人間が考えそうな哲学的思考パターンのほぼすべてを、人工知能が発見してしまい、新たな発見の余地はなくなってしまうから。

イ　人間は人工知能の性能を上げていくための研究に注力しなければならないので、哲学的思考パターンを考える余裕はないから。

ウ　人工知能が設定する問いは切実なものではないので、新たな哲学的思考パターンに至るような深みに欠けているから。

エ　自由意志に基づいた自律的活動という人間の知性の特徴が、パターンという固定的な枠組みと、根本的に相性がよくないから。

〔　　〕

第三段落（p.149 ℓ.3〜8）

3人工知能にとっての「切実な哲学の問い」（一四九・5）とはどのような問いか。次から選びなさい。

ア　その答えが人間の未来を左右するような問い。

イ　哲学の根本的な存在意義に関わる問い。

ウ　人工知能自身が答えなければならないと判断した問い。

エ　人間が考えそうなパターンから外れた、オリジナルの問い。

〔　　〕

第四段落（p.149 ℓ.9〜11）

4人工知能が「正しい意味で『人間』の次元に到達した」（一四九・10）とはどのような状態か。次の文の空欄にあてはまる語句を、本文中から抜き出しなさい。

〔　①　〕からの入力を与えられていない人工知能が、〔　②　〕に発した切実な哲学的問いを、ひたすら考えるようになった状態。

①〔　　〕
②〔　　〕

第五段落（p.149 ℓ.12〜終わり）

5「人工知能が人間の次元に到達する」（一四九・14）ために必要な要素を、本文中から三つ抜き出しなさい。

〔　　〕
〔　　〕
〔　　〕

全体

6 新傾向 この本文を読んだ感想を生徒が話し合っている。内容が適切なものには○、不適切なものには×を書きなさい。

生徒A：この文章は、AIが哲学できるかという問題提起がはっきり示されていて、それを確認するために多くの仮説を提示しながら論証している文章だったね。〔　　〕

生徒B：人工知能が今後哲学をしていくためには、多くの情報を蓄えるためにさらなる技術の向上が必要なんだ。〔　　〕

生徒C：人工知能自身が「自分が存在する意味はどこにあるのか？」のような切実な哲学の問いを内発的に発することができるようにならないと、人工知能が哲学しているとは言えないね。〔　　〕

生徒D：人間の持つ普遍的な真理を発見できる能力を、人工知能が補って共存していく未来が望ましいと筆者は考えているね。〔　　〕

学習目標 具体と抽象の関係や対比構造に着目して、近代社会の問題点を読み取る。

不均等な時間（内山節）

教科書p.152～p.159

検印

漢字

1 太字の仮名を漢字に直しなさい。

① 山菜を**と**〔　　〕る。（p.152 ℓ.1）
② 隣村の光景に**かんたん**〔　　〕する。（p.152 ℓ.7）
③ 農地を**ぞうせい**〔　　〕する。（p.153 ℓ.2）
④ 多方面に**てんかい**〔　　〕する。（p.153 ℓ.8）
⑤ 季節が**じゅんかん**〔　　〕する。（p.153 ℓ.8）
⑥ きのこが〔　　〕りに出かける。（p.153 ℓ.15）
⑦ 二つに**ぶんれつ**〔　　〕する。（p.154 ℓ.2）
⑧ 充実した**よか**〔　　〕を過ごす。（p.154 ℓ.4）
⑨ 近代社会の**きばん**〔　　〕。（p.155 ℓ.4）
⑩ 規則を**てってい**〔　　〕させる。（p.155 ℓ.10）
⑪ 徐々に**すいじゃく**〔　　〕する。（p.156 ℓ.1）
⑫ 河川を**かいしゅう**〔　　〕した。（p.156 ℓ.7）
⑬ 二国間に**かいざい**〔　　〕する。（p.156 ℓ.17）
⑭ ダムが**ほうかい**〔　　〕した。（p.157 ℓ.2）
⑮ **じゅうそう**〔　　〕的な構造。（p.157 ℓ.5）
⑯ **かべ**〔　　〕にぶつかる。（p.158 ℓ.4）
⑰ 合理化を**すいしん**〔　　〕する。（p.158 ℓ.5）

2 太字の漢字の読みを記しなさい。 知識・技能

① **木陰**〔　　〕で休む。（p.152 ℓ.3）
② 山の**裾野**〔　　〕が広がる。（p.152 ℓ.6）
③ **開墾**〔　　〕が進む。（p.152 ℓ.6）
④ **区画**〔　　〕を整理する。（p.152 ℓ.8）
⑤ **傾斜**〔　　〕のきつい坂。（p.153 ℓ.2）
⑥ **営農**〔　　〕が盛んだ。（p.153 ℓ.7）
⑦ 意味が**付与**〔　　〕される。（p.154 ℓ.3）
⑧ **一対**〔　　〕の関係。（p.154 ℓ.5）
⑨ **隙間**〔　　〕を埋める。（p.154 ℓ.8）
⑩ 急激に**外化**〔　　〕する。（p.154 ℓ.11）
⑪ 組織を**離脱**〔　　〕した。（p.155 ℓ.5）
⑫ 対象を**措定**〔　　〕する。（p.155 ℓ.8）
⑬ **蛇行**〔　　〕する川。（p.156 ℓ.6）
⑭ 自然の営みを**損**〔　　〕なう。（p.156 ℓ.12）
⑮ **縦軸**〔　　〕の値を読む。（p.157 ℓ.7）
⑯ 矛盾を**深化**〔　　〕させる。（p.158 ℓ.2）
⑰ 経営が**破綻**〔　　〕した。（p.158 ℓ.5）

語句

1 太字の語句の意味を調べなさい。 知識・技能

① 時間の**不可逆性**を論じる。（p.155 ℓ.8）
〔　　〕
② 命題を**措定**する。（p.157 ℓ.8）
〔　　〕
③ 農業が商品の生産工程へと**純化**される。（p.157 ℓ.7）
〔　　〕

2 次の空欄にあとから適語を選んで入れよ。

① 感嘆の〔　　〕を上げる。（p.152 ℓ.7）
② その〔　　〕になれば不可能ではない。（p.153 ℓ.3）
③ 自然は衰弱の〔　　〕をたどるだろう。（p.156 ℓ.1）
④ 一次産業が〔　　〕に突き当たる。（p.158 ℓ.4）

（ 道　声　壁　気 ）

3 次の語句を使って短文を作りなさい。

① ないではない（p.153 ℓ.3）
〔　　〕
② いけばいくほど（p.157 ℓ.9）
〔　　〕

論理の把握

思考力・判断力・表現力　▼学習一

1 空欄に本文中の語句を入れて、内容を整理しなさい。

前半	
第一段落（初め～p.153 ℓ.5）	第二段落（p.153 ℓ.6～p.155 ℓ.2）

第一段落（初め～p.153 ℓ.5）

〈上野村〉傾斜のきつい土地で、鍬や鋤を使った伝統的な〔ア　　〕に従う

〈隣　村〉山の裾野を広大に開墾して造成した一区画一ヘクタールを超える農地で、大型トラクターを使って高冷地野菜を栽培し高収入をあげる

上野村の人々…隣村の農民を称賛しつつも〔イ　　〕しようとはしない

第二段落（p.153 ℓ.6～p.155 ℓ.2）

〈上野村〉
・〔ウ　　〕な畑仕事
・時間は〔エ　　〕ことも区切られることもなく循環

〈隣　村〉
・「先進的」で〔オ　　〕された農業経営
・労働時間の作り出す〔カ　　〕がすべて
・時間を〔キ　　〕し、時間に管理される

上野村の人々…時間世界を変えることは自分の存在を変えることだと知っている

後半	
第三段落（p.155 ℓ.3～p.157 ℓ.11）	第四段落（p.157 ℓ.12～終わり）

第三段落（p.155 ℓ.3～p.157 ℓ.11）

時間の客観化と統一＝近代社会の基盤
→社会の近代化→伝統的な時間世界から〔ク　　〕な時間世界へ
←
自然と時間の間の〔ケ　　〕の発生
→近代的な時間世界…自然の時間を破壊し、自然の存在を追いつめた
一次産業やそれと結びついた地域社会でも同様の問題が発生
→一次産業における経営＝商品生産の拡大→〔コ　　〕の時間の成立を許さない
一次産業において〔サ　　〕の時間を価値基準とする合理的な経営を推進する
→経営自体を破綻させる

第四段落（p.157 ℓ.12～終わり）

解決するためには
・〔シ　　〕する時間世界を再び作り出す
・循環する世界の中での〔ス　　〕の形を創造する

要旨

思考力・判断力・表現力

1 空欄に本文中の語句を入れて、全体の要旨を整理しなさい。

社会の近代化に伴い、人々が〔ア　　〕的な時間世界から〔イ　　〕的な時間世界へと住み移ったことによって、〔ウ　　〕の時間は破壊され、自然の存在が追い詰められた。同じ問題は〔エ　　〕やこれと結びついた地域社会の中でも起こっており、合理的な経営を推進しようとすることが経営の〔オ　　〕を導くという矛盾が生じている。〔カ　　〕する時間世界を再び作り出す、または循環する世界の中での存在の形を〔キ　　〕することが必要だ。

2 右を参考にして、要旨を百字以内にまとめなさい。

内容の理解

思考力・判断力・表現力

第一段落（初め〜p.153 ℓ.5）

1 「上野村の人々」が営む農業とはどのようなものか。本文中から十五字以内で抜き出しなさい。

2 「この村の人たちは偉いものだ。」（一五三・10）という言葉にこめられた「上野村の人々」の心情として適当なものを、次から選びなさい。

ア　大規模農業で高収入をあげている隣村の人たちを、うらやましく思う心情。

イ　春の野山を楽しみもせずに働く隣村の人たちを、冷ややかに見る心情。

ウ　広大な農地で先進的な農業を行う隣村の人たちに、対抗意識を抱く心情。

エ　農業の近代化を進め大規模な農地で働く隣村の人たちに、感心する心情。

〔　　〕

第二段落（p.153 ℓ.6〜p.155 ℓ.2）

3 「上野村とこの村の……営農の世界がある」（一五三・6〜7）とあるが、「この村」の「営農の世界」の説明として適当でないものを次から選びなさい。

ア　客観的に流れる時間に、いかに対応していくかを問われる世界。

イ　労働時間が経済価値を作り出す、時間に管理された世界。

ウ　季節の循環とともに畑仕事を行う、自然と調和した世界。

エ　農地を商品の生産工場と捉え、投資の対象とする世界。

〔　　〕

4 「経済価値を生む時間」（一五四・2）を言い換えた語句を、本文中から四字で抜き出しなさい。

第二段落（p.153 ℓ.6〜p.155 ℓ.2）

5 「この時間」（一五四・11）について、次の問いに答えなさい。

(1) どのような時間をさしているのか。本文中の語句を用いて、二十字以内で説明しなさい。

(2) 「この時間」を端的に言い換えた部分を、第二段落から五字で抜き出しなさい。

6 「自分たちの存在の形」（一五四・17）について説明した次の文章の空欄にあてはまる語句を、本文中から抜き出して答えなさい。

循環する〔　①　〕とともに作物を作って暮らし、毎年同じ季節を迎えることに〔　②　〕をおく。〔　③　〕は終わることも区切られることもなく循環していて、その流れが、そのまま村人の存在である。

①

②

③

7 「上野村の人々」にとって、「時間世界を変える」（一五五・1）とはどういうことか。次から選びなさい。

ア　循環する季節とともに暮らす世界から、毎年同じ季節を迎えることに価値がある世界へと住み移ること。

イ　自分たちの営みとともに時間が作られる世界から、時間を管理し時間に管理される世界へと住み移ること。

ウ　時間が人間の存在から外化している世界から、時間が終わることも区切られることもなく循環する世界へと住み移ること。

エ　時間にいかに対応していくかが農民の営みである世界から、休息や余暇の時間に意味を付与する世界へと住み移ること。

〔　　〕

第三段落（p.155 ℓ.3〜p.157 ℓ.11）

8 「時間の客観化と統一は、近代社会の基盤であった。」（一五五・4）について、次の問いに答えなさい。

(1) これについて説明した次の文章の空欄にあてはまる語句を、本文中から抜き出して答えなさい。

近代的な〔　①　〕の生産過程において初めて、時間は〔　②　〕な価値基準を確立したため、その過程の成立が、時間の〔　③　〕の確立を最も徹底させた。時間の〔　③　〕の確立は、四つの要素からなっているが、この四つの要素は〔　④　〕形で実現されている。

① ［　　　］
② ［　　　］
③ ［　　　］
④ ［　　　］

(2) 新傾向 「時間の客観化と統一」（一五五・4）に関係のあるものを、次から選びなさい。

ア　カレンダーを見て事業計画を立てる。
イ　日の出から日の入りまで働く。
ウ　桜が満開になったら田植えを行う。
エ　お寺の鐘の音に合わせて起床する。
〔　　〕

9 「循環する時間世界」（一五五・13）と対称的な意味で用いられている語句を、本文中から十字以内で抜き出しなさい。

［　　　　　　　　　　］

10 「近代社会が……一つの暴力であり続けている」（一五六・2〜3）とあるが、ここでの「暴力」の意味として適当なものを次から選びなさい。▼脚問6

ア　苦痛の源　　イ　腕力の行使
ウ　突然の弾圧　エ　乱暴な行為
〔　　〕

11 人間が「近代的な時間世界がすべての部面で貫かれる社会を作り出そうとしてきた」（一五六・3）結果、どのようなことが起こったのか。その説明を三十字程度で抜き出し、初めと終わりの五字で答えなさい。

［　　　　　］〜［　　　　　］

第三段落（p.155 ℓ.3〜p.157 ℓ.11）

12 筆者は、「伝統的な農山村の時間世界」（一五七・7）はこれまでどのような役割を果たしてきたと考えているか。本文中の語句を用いて三十字以内で説明しなさい。

［　　　　　　　　　　］

13 「一次産業の中に時計の時間が導入されていけばいくほど」（一五七・9）とほぼ同意の表現を、これ以降の部分から三十五字以内で抜き出し、初めと終わりの五字で答えなさい。（句読点は含めない）

［　　　　　］〜［　　　　　］

第四段落（p.157 ℓ.12〜終わり）

14 「一次産業は矛盾を深化させる。」（一五八・2）について、次の問いに答えなさい。

(1) どのような「矛盾」かが説明されている部分を、解答欄の形式に合うように、本文中から抜き出し、初めと終わりの五字で答えなさい。▼学習三

一次産業においては［　　　　　］〜［　　　　　］という矛盾。

(2) 筆者が主張する、この「矛盾」の解決法を二つ答えなさい。

〔　　　　　〕
〔　　　　　〕

学習目標　ロビンソンの行動様式の特徴を読み解き、筆者の主張を捉える。

ロビンソン的人間と自然（村岡晋一）

教科書p.161～p.167

検印

漢字　知識・技能

1 太字の仮名を漢字に直しなさい。

- (p.161 ℓ.3) ①自然を**はかい**〔　　〕する。
- (p.161 ℓ.3) ②予定は**へんこう**〔　　〕可能だ。
- (p.161 ℓ.6) ③**きぼ**〔　　〕が大きい。
- (p.162 ℓ.3) ④船が**なんぱ**〔　　〕する。
- (p.162 ℓ.4) ⑤島に**ひょうちゃく**〔　　〕する。
- (p.162 ℓ.7) ⑥小麦を**しゅうかく**〔　　〕する。
- (p.162 ℓ.10) ⑦山羊を**わな**でと〔　　〕らえる。
- (p.163 ℓ.5) ⑧残された**しざい**〔　　〕。
- (p.163 ℓ.8) ⑨一年間の**そんえき**〔　　〕を計算する。
- (p.163 ℓ.10) ⑩**よじょう**〔　　〕人員が出る。
- (p.164 ℓ.1) ⑪**ほうしゅう**〔　　〕が多い。
- (p.164 ℓ.2) ⑫労働への**かんしん**〔　　〕が高い。
- (p.164 ℓ.4) ⑬**しそん**〔　　〕を残す。
- (p.164 ℓ.6) ⑭結果を**よそう**〔　　〕する。
- (p.165 ℓ.3) ⑮**たいきょく**〔　　〕に位置する。
- (p.165 ℓ.7) ⑯**ぞうとう**〔　　〕品をいただく。
- (p.165 ℓ.15) ⑰財の**ぞうしょく**〔　　〕に努める。

2 太字の漢字の読みを記しなさい。

- (p.161 ℓ.4) ①**起源**〔　　〕をつきとめる。
- (p.161 ℓ.11) ②経済体制の**担**〔　　〕い手。
- (p.162 ℓ.1) ③**孤島**〔　　〕での行動。
- (p.162 ℓ.11) ④**享楽**〔　　〕を目的とする。
- (p.162 ℓ.12) ⑤**労苦**〔　　〕が増える。
- (p.162 ℓ.12) ⑥小麦を**栽培**〔　　〕する。
- (p.162 ℓ.14) ⑦夜を**徹**〔　　〕して見張る。
- (p.162 ℓ.15) ⑧**頑丈**〔　　〕な小屋。
- (p.163 ℓ.4) ⑨確かな**保証**〔　　〕がない。
- (p.163 ℓ.6) ⑩正確な**暦**〔　　〕を作る。
- (p.164 ℓ.16) ⑪**過労死**〔　　〕するほど働くな。
- (p.165 ℓ.5) ⑫**評価**〔　　〕が高い。
- (p.165 ℓ.8) ⑬相手の**面前**〔　　〕。
- (p.165 ℓ.15) ⑭**協調**〔　　〕関係を乱す。
- (p.166 ℓ.1) ⑮自らの態度を**反省**〔　　〕する。
- (p.166 ℓ.5) ⑯きわめて**素朴**〔　　〕な問題。
- (p.166 ℓ.6) ⑰**選択肢**〔　　〕を増やす。

語句　知識・技能

1 次の太字の語句の意味を調べなさい。

- (p.161 ℓ.11) ①新しい経済体制の**担い手**。
〔　　　　　　　　〕
- (p.162 ℓ.14) ②**夜を徹して**の見張り。
〔　　　　　　　　〕
- (p.164 ℓ.1) ③企業家が採る**常套手段**。
〔　　　　　　　　〕

2 次の空欄にあとから適語を選んで入れなさい。

- (p.163 ℓ.13) ①彼とは〔　　〕家族のような関係だ。
- (p.164 ℓ.15) ②彼は容疑者の一人だ。〔　　〕、彼が犯人である決め手がない。
- (p.165 ℓ.15) ③彼はマイクを持つと〔　　〕話し続けた。

（　さらに　とはいえ　いわば　）

3 次の語句を使って短文を作りなさい。

- (p.165 ℓ.2) ①決めかねる
〔　　　　　　　　〕
- (p.165 ℓ.6) ②強いる
〔　　　　　　　　〕

論理の把握

1 空欄に本文中の語句を入れて、内容を整理しなさい。 思考力・判断力・表現力 ▼学習一

第一段落 （初め〜p.161 ℓ.5）	第二段落 （p.161 ℓ.6〜p.165 ℓ.8）	第三段落 （p.165 ℓ.9〜終わり）
序論	本論	結論
人類が置かれている今日的状況は、「人間における自然と文化」の関係のありようを問い直すことを要求しているようだ。現代における人間の自然に対する〔ア　　〕的関係は、人間自身の手によって変更可能であるはずであり、その〔イ　　〕をつきとめることもできるはずだ。	〔ウ　　〕主義という経済体制における人間の自然に対する態度の特徴 ――『ロビンソン・クルーソー』に人々の特徴的な行動様式が現れている ・〔エ　　〕の生活の必要を予想して、自分に残された資材を合理的に配分する 　例：小麦の栽培・〔オ　　〕の飼育 ・自分の持てるものを〔カ　　〕ことのうちに、価値を見いだす 　例：一年間の生活の〔キ　　〕計算をやり、プラスが多かったと神に感謝 ロビンソンのような「〔ク　　〕」が資本主義には不可欠だ。 とはいえ、資本主義的経済体制ということを離れてしまえば、明日の必要のために〔ケ　　〕するほどの労働を義務とするような生活観と、必要に応じて働き、後の時間は生活を〔コ　　〕ような生活観とは、どちらが「合理的」かは、すぐには決めかねるのではないか。	【ロビンソン的人間】 ・自然をも自らの合理的な計算と設計によって管理し〔サ　　〕していこうと決意し、それが可能だと信じたが、自分もまた〔シ　　〕の中に生きる一員だということを忘れたため、ほかの生物や環境との〔ス　　〕関係を乱してしまった。 ・財の増殖にのみ価値を置き、自然に対して過重な〔セ　　〕をかけてしまった。 〈私たちが人間における自然と文化の関係を問い直すときに求められること〉 近代〔ソ　　〕的人間の生活形態以外にも目を配り、人間にとって真に必要なものとは何か、真に生きるに値する〔タ　　〕的な生活とはいかなる生活かという根本的な問題に、可能な選択肢を提供すること。

要旨

1 空欄に本文中の語句を入れて、全体の要旨を整理しなさい。 思考力・判断力・表現力

今日の人間の〔ア　　〕に対する破壊的関係について考えるには『ロビンソン・クルーソー』で描かれる行動様式が役立つ。〔イ　　〕的人間は自然をも自らの〔ウ　　〕的な計算と設計によって管理し〔エ　　〕しようとしたが、自分も自然の中に生きる一員だということを忘れ、ほかの生物や環境との〔オ　　〕関係を乱してしまった。人間における自然と文化の関係を問い直すなら、近代ヨーロッパ的人間だけでなく人間のさまざまな〔カ　　〕に目を配るべきだ。

2 右を参考にして、要旨を百字以内にまとめなさい。

内容の理解　思考力・判断力・表現力

第一段落（初め〜p.161 ℓ.5）

1 「『人間における自然と文化』の関係」（一六一・1）とあるが、この関係を言い換えて説明している箇所を同じ形式段落の中から二十字で抜き出しなさい。

2 第二段落をさらに三つのまとまりに分ける場合、どこで分けるのが適当か。二つ目と三つ目のまとまりの初めの七字を書きなさい。（句読点を含む）　▼学習一

二つ目

三つ目

第二段落（p.161 ℓ.6〜p.165 ℓ.8）

3 「この経済体制のもとで……自然に対する態度の特徴をまず明らかにしなければなりません。」（一六一・8〜9）とあるが、筆者がこのように述べる理由を、解答欄の形式に合うように、四十字以内で説明しなさい。

が重なるから。

4 ロビンソンが難破船や島で見つけた「小麦」や「山羊」は、「資本主義という経済体制」における何に相当するか。次から選びなさい。　▼脚問2

ア　利潤　イ　労働力　ウ　市場　エ　資本　〔　　〕

第二段落（p.161 ℓ.6〜p.165 ℓ.8）

5 「こうしたロビンソンの行動」（一六二・10）とあるが、ロビンソンの行動の例は、どういうことを示しているか。適当なものを次から選びなさい。

ア　享楽を伴う行動が、明日の生活に不利益をもたらすこと。
イ　労苦が伴うが、将来の生活の予測がつけられること。
ウ　労苦ばかりで享楽がなくても、働く義務があること。
エ　今食べ尽くさないことが、環境保全につながること。　〔　　〕

6 「ロビンソンという人間のもう一つの特徴」（一六三・9）を本文中から二十六字で抜き出し、初めと終わりの五字で答えなさい。

〜

7 「ロビンソンのような『働き人間』が、どうして資本主義には不可欠なのでしょうか。」（一六三・14）について、次の問いに答えなさい。

(1) 「働き人間」とはどのような人間か。解答欄の形式に合うように、本文中から五十字程度で抜き出し、初めと終わりの五字で答えなさい。

〜　人間。

(2) 新傾向　この問いの答えを次のようにノートにまとめた。空欄にあてはまる語句を本文中から抜き出して答えなさい。

ロビンソン型ではない伝統的な考え方をする労働者の関心

これまでと同じ〔　①　〕を得るためにどれだけの〔　②　〕をすれば足りるか。

企業家が生産量を二倍に増やそうとこの人たちの賃金を二倍にする

→〔　③　〕が半分になる＝生産量は増えない

利潤の獲得を目的とする資本主義には、「働き人間」が必要

①

②

③

第二段落（p.161 ℓ.6〜p.165 ℓ.8）

8 「ロビンソン・クルーソーの遠い子孫である私たち」（一六四・3）という表現は、何を強調するために用いられているか。適当なものを次から選びなさい。 ▼脚問5

ア　ロビンソンと同様に、現代に生きる私たちも資本主義経済体制に組み込まれて労苦ばかり増えていること。

イ　ロビンソンと同様に、資本主義経済体制の中で生きる私たちも自身の財産を増やすことに価値を見いだすということ。

ウ　ロビンソンと同様に資本主義経済体制の中にいるが、私たちは短時間で同じ報酬を得る方法を獲得したということ。

エ　ロビンソンと同様に私たちも、将来の享楽のために財産を増やすことをおのれの義務と考えていること。

【　　】

9 「この二つの生活観」（一六四・15）とあるが、それぞれどのような生活観か。それぞれ三十字程度で抜き出しなさい。

10 「クワキウトル族に見られる『ポトラッチ』という風習がそれです。」（一六五・4）について、「それ」の指示内容を本文中から二十二字で抜き出しなさい。

第三段落（p.165 ℓ.9〜終わり）

11 「全地球規模での自然破壊を引き起こした原因」（一六五・9）について、次の問いに答えなさい。

(1) この「原因」を十三字で述べた箇所を本文中から抜き出しなさい。

(2) (1)は具体的にどのような内容か。第三段落（一六五・9〜終わり）中の語句を用いて二点答えなさい。

【　　】

【　　】

全体

12 筆者の主張と合致するものを、次から選びなさい。

ア　ロビンソン・クルーソーの行動様式は、資本主義の経済体制を知るうえでとても参考になるので、今後私たちはこの行動様式をまねて、資本主義を発展させていかなければならない。

イ　私たちは近代ヨーロッパという限られた地域で「ロビンソン的人間」が行った大規模な生態系破壊を反省し、考え方をロビンソン型ではない伝統的なものに変えていかなければならない。

ウ　今日の状況を反省し、人間における自然と文化の関係を問い直すならば、ロビンソン的人間だけでなく、人間のさまざまな生活形態に目を配り、人間にとって真に必要なものとは何かを考えなければならない。

エ　ロビンソンのような「明日を計算して生活できる」人間は資本主義経済体制には不可欠なので、ほかの価値観を持つ地域にもロビンソン的人間が増えるようはたらきかけなければならない。

【　　】

学習目標　三つの小動物の死と関連して語られる主人公の心情をつかむ。

城の崎にて（志賀直哉）

教科書 p.169 ～ p.179

検印

漢字

1 太字の仮名を漢字に直しなさい。

- p.169 ℓ.4　① **がまん**〔　　〕できたらと思う。
- p.169 ℓ.7　② **きこう**〔　　〕もよかった。
- p.170 ℓ.8　③ お互いに**こうしょう**〔　　〕もない。
- p.170 ℓ.14　④ **げきれい**〔　　〕される。
- p.170 ℓ.15　⑤ **みょう**〔　　〕な考え。
- p.171 ℓ.1　⑥ 静かな**ざしき**〔　　〕だった。
- p.171 ℓ.3　⑦ 蜂の**す**〔　　〕があるらしい。
- p.171 ℓ.5　⑧ 羽や**しょっかく**〔　　〕や前足。
- p.172 ℓ.4　⑨ 足を**ちぢ**〔　　〕める。
- p.173 ℓ.3　⑩ 小川が**ゆる**〔　　〕やかに流れる。
- p.173 ℓ.4　⑪ 人が**さわ**〔　　〕いでいた。
- p.173 ℓ.5　⑫ 一生**けんめい**〔　　〕逃げる。
- p.174 ℓ.12　⑬ 手術の用意を**たの**〔　　〕む。
- p.174 ℓ.15　⑭ 急な雨に**おそ**〔　　〕われた。
- p.175 ℓ.12　⑮ **みちはば**〔　　〕が狭くなる。
- p.175 ℓ.16　⑯ 大きな**くわ**〔　　〕の木。
- p.176 ℓ.9　⑰ 流れに**のぞ**〔　　〕んでじっとする。

2 太字の漢字の読みを記しなさい。　知識・技能

- p.169 ℓ.2　① **致命傷**〔　　〕になった。
- p.169 ℓ.4　② 要心は**肝心**〔　　〕だ。
- p.170 ℓ.7　③ **死骸**〔　　〕が脇にある。
- p.170 ℓ.9　④ **恐怖**〔　　〕させない考え。
- p.170 ℓ.14　⑤ **危**〔　　〕うかった出来事。
- p.171 ℓ.5　⑥ 丁寧に**調**〔　　〕える。
- p.171 ℓ.8　⑦ **欄干**〔　　〕から眺める。
- p.171 ℓ.10　⑧ ひもが**垂**〔　　〕れ下がる。
- p.171 ℓ.11　⑨ **拘泥**〔　　〕する様子。
- p.172 ℓ.4　⑩ 雨どいを**伝**〔　　〕って流れる。
- p.172 ℓ.5　⑪ **外界**〔　　〕の変化。
- p.174 ℓ.1　⑫ ねずみの**最期**〔　　〕。
- p.174 ℓ.2　⑬ 決まった運命を**担**〔　　〕う。
- p.175 ℓ.2　⑭ 興奮から**快活**〔　　〕になる。
- p.175 ℓ.6　⑮ 影響するに**相違**〔　　〕ない。
- p.176 ℓ.3　⑯ 多少**怖**〔　　〕い気がする。
- p.177 ℓ.5　⑰ 尻尾を**反**〔　　〕らす。

語句

1 次の太字の語句の意味を調べなさい。　知識・技能

- p.171 ℓ.4　① 羽目の**あわい**。〔　　　　〕
- p.171 ℓ.11　② 全く**拘泥**する様子はなかった。〔　　　　〕
- p.173 ℓ.16　③ あひるは**頓狂**な顔をして。〔　　　　〕
- p.174 ℓ.1　④ **最期**を見る気がしなかった。〔　　　　〕

2 次の空欄に適語を入れなさい。

- p.173 ℓ.1　① 眼界から消えて〔　　〕もないときだった。
- p.173 ℓ.15　② 〔　　〕を伸ばしてきょろきょろとした。
- p.174 ℓ.3　③ 全力を〔　　〕くして逃げ回る。

3 次の語句を使って短文を作りなさい。

- p.170 ℓ.5　① 一つ間違えば〔　　　　〕
- p.171 ℓ.12　② いかにも〔　　　　〕

展開の把握

1 次の空欄に本文中の語句を入れ、内容を整理しなさい。

第一段落（初め～p.169 ℓ.5）	第二段落（p.169 ℓ.6～p.170 ℓ.16）	第三段落（p.171 ℓ.1～p.172 ℓ.16）	第四段落（p.173 ℓ.1～p.175 ℓ.10）	第五段落（p.175 ℓ.11～p.178 ℓ.8）	第六段落（p.178 ℓ.9～終わり）
城崎に来た理由	〔イ　〕についての考え	〔エ　〕の死骸と自分	逃げ惑う〔キ　〕と自分	〔コ　〕の死と自分	城崎を去った自分の状況
自分 山の手線の電車に跳ね飛ばされてけがをする。←〔ア　〕のため 城崎温泉に来る。	自分 「死」について思う。→×〔ウ　〕ではなく、→○親しみが起こる。	一匹の蜂…玄関の屋根で死んでいる。 自分 死骸の静かさに〔オ　〕を持つ。殺された人物の気持ちを主に、死の〔カ　〕を書いてみたい。	ねずみ…首に魚串を刺され、子供たちや車夫に石を投げられ、懸命に逃げる。 自分 寂しい〔ク　〕気持ちになる。死に到達するまでの〔ケ　〕を恐ろしく思う。→自身の事故を振り返る。	いもり…「自分」が投げた石が〔サ　〕当たり、死ぬ。 自分 電車の事故では「自分」は偶然死ななかっただけだ。→死と生はそれほど〔シ　〕がない。＝生き物の〔ス　〕を感じた。	自分 三週間滞在して、城崎を去る。それから三年以上たつが、脊椎カリエスになるだけは助かった。

思考力・判断力・表現力

2 次の空欄に本文中の語句を入れて、場面設定と主人公と小動物の設定についてまとめなさい。

場面設定

城崎温泉に療養に来た〔ア　〕週間の体験を、〔イ　〕年以上たって回想している。

主人公と小動物の設定

主人公（自分）…後養生のために城崎に来た。

蜂……玄関の〔ウ　〕の上で死んでいる。

ねずみ…魚串を刺され、投げられる〔エ　〕から必死に逃げ惑う。

いもり…主人公が投げた石に〔オ　〕当たって死ぬ。

主題

思考力・判断力・表現力

●次の空欄に本文中の語句を入れて、全体の主題を整理しなさい。

「自分」はけがの療養のために城崎温泉に出かけた。一つ間違えば死んでいたと思うと寂しいが、恐怖ではなかった。死んだ〔ア　〕にはその〔イ　〕に親しみを感じ、死の〔ウ　〕から逃げようとしている〔エ　〕からは、死に〔オ　〕するまでの動騒の恐ろしさを感じた。自らが偶然〔カ　〕を殺してしまったときには、生き物の寂しさを感じた。そして、これらの死から、生と死が〔キ　〕にあるものではないと悟るのだった。

内容の理解

思考力・判断力・表現力

第一段落

1 「一人で但馬の城崎温泉へ出かけた。」（一六九・1）とあるが、なぜ城崎に出かけたのか。十五字以内で書きなさい。

第二段落（p.169 ℓ.6～p.170 ℓ.16）

2 「死に対する親しみが起こっていた。」（一七〇・16）について、次の問いに答えなさい。

(1) 「自分」はこのとき、「死」とは具体的にどうなることだと想像したか。解答欄の形式に合うように、本文中から二十字以内で抜き出しなさい。

状態。

(2) 「親しみ」を感じている「自分」は、「死」をどのようなものだと考えているか。次の空欄にあてはまる言葉を十五字以内で書きなさい。

死は〔　　〕もの。

第三段落（p.171 ℓ.1～p.172 ℓ.16）

3 「寂しかった。」（一七一・15）とあるが、誰（何）が「寂しかった」のか。次から選びなさい。

ア　死というものが
イ　死んだ蜂が
ウ　「自分」の気持ちが
エ　ほかの蜂が

〔　　〕

4 「①それにしろ、②それはいかにも静かであった。」（一七二・7）とあるが、①②の「それ」がさしている内容を、それぞれ示しなさい。

①〔　　〕

②〔　　〕

第三段落（p.171 ℓ.1～p.172 ℓ.16）

5 蜂の描写の鑑賞文として適当なものを、次から選びなさい。

ア　繰り返し蜂の死の静かさを強調することにより、死の無惨さを描き出している。
イ　蜂の死という事実に対してなんの同情も持たず、冷淡な態度で描いている。
ウ　生きている蜂と対比させながら、死んだ蜂の特徴を捉えて正確に描写している。
エ　巣の仲間に無頓着な蜂の姿を通して、死とはありふれたものだということを表現している。

〔　　〕

6 「自分」が「動作の表情」（一七二・11）と表現したのはなぜか。その理由を四十字以内で答えなさい。

▼脚問3

第四段落（p.173 ℓ.1～p.175 ℓ.10）

7 「自分」が「寂しい嫌な気持ちになった」（一七四・3）のはなぜか。本文中の語句を用いて説明しなさい。

〔　　〕

8 「あれが本当なのだと思った。」（一七四・3）とあるが、何が「本当」なのか。次から選びなさい。

▼脚問4

ア　生物は命のある限り生きる努力を放棄してはいけないこと。
イ　動物は死ぬに決まった運命から逃れようと必死になること。
ウ　人間が動物のはかない生命に対して無慈悲であること。
エ　死からは極力目をそむけたいと願うこと。

〔　　〕

第四段落（p.173 ℓ.1～p.175 ℓ.10）

9 次の文章は、「『あるがまま』で、気分で願うところ」（一七五・7）を説明したものである。空欄に入る適当な語句を、それぞれあとから選びなさい。

あるがままに〔①〕ことが〔②〕状態であり、〔③〕ことに決まっている運命なら、ねずみのように全力で逃げまどうのではなく、〔④〕死にたいと願う気分。

ア 生きる　イ 静かに　ウ 自然な　エ 死ぬ
オ 寂しく　カ 人間的な

①〔　〕②〔　〕③〔　〕④〔　〕

10 「そう実際にすぐは影響はしない」（一七五・8）とは、どういう意味か。次から選びなさい。

ア 「自分」は死の恐怖を克服できたと思っても、実際は一時にすぎず、再び死の恐怖に襲われるだろうということ。
イ 「自分」が死から逃れたいと切望しても、その願いは生き物の持つ宿命として実際的ではないということ。
ウ 「自分」が静かに死を迎えたいと思ったにしても、実際の局面では願いどおりになるものではないということ。
エ 「自分」は死に対して鈍感なので、実際は死の直前まで死の恐怖にとらわれることはないだろうということ。〔　〕

第五段落（p.175 ℓ.11～p.178 ℓ.8）

11 「その葉だけがいつまでもヒラヒラヒラヒラとせわしく動くのが見えた。」（一七六・2）とあるが、この桑の木の描写の部分は、小説の中でどのような役割を果たしているか。簡潔に説明しなさい。

〔　〕

12 「生き物の寂しさ」（一七七・14）とは、どのような寂しさか。わかりやすく説明しなさい。

〔　〕

第五段落（p.175 ℓ.11～p.178 ℓ.8）

13 「実際喜びの感じは湧き上がってはこなかった」（一七八・4）のはなぜか。その理由を述べた部分を本文中から五十字程度で抜き出し、初めと終わりの五字で答えなさい。（句読点を含む）

□□□□□～□□□□□

第六段落

14 この文章はいつ書かれたものか。指示語を使わずに二十字以内で書きなさい。

□□□□□□□□□□□□□□□□□□□□

全体

15 新傾向 会話文の中から、「自分」の心情を正しく捉えていないものを、次からすべて選びなさい。

生徒A：「自分」は電車に跳ね飛ばされたあと、一つ間違えば墓地の土の下に寝ているところだと思い寂しさと恐ろしさを感じたよね。
生徒B：電車に跳ねられても死ななかった「自分」は、感謝しながらも、生と死にそれほど差のあるものとは思っていないね。
生徒C：主人公は、何とか生き延びようと全力を尽くして逃げ回っているねずみを見て、死に至る動騒を恐ろしいと感じているね。
生徒D：投げた石がいもりに当たって、いもりが死んでしまったとき、「自分」は生命を弄んだことへの罪悪感を感じていたね。
生徒E：「自分」は、生きている蜂の忙しさと比べて死んだ蜂の持っている静かさに親しみを感じているね。

生徒〔　〕

学習目標　本文の内容や論理の展開を捉え、筆者の考えるデザインの本質について理解する。

デザインの本意（原研哉）

教科書 p.200～p.203

検印

漢字

1 太字の仮名を漢字に直しなさい。

p.200
- ℓ.1 ①作る**こうい**〔　　〕。
- ℓ.5 ②**ちぢ**〔　　〕れた毛糸。
- ℓ.6 ③**ぼうだい**〔　　〕な知恵。
- ℓ.13 ④封筒に切手を**は**〔　　〕る。

p.201
- ℓ.3 ⑤**こうぶつ**〔　　〕の結晶。
- ℓ.6 ⑥期限を**えんちょう**〔　　〕する。
- ℓ.9 ⑦マンホールの**ふた**〔　　〕。
- ℓ.11 ⑧**かんぺき**〔　　〕な正円の穴。

p.202
- ℓ.3 ⑨自然の**ちつじょ**〔　　〕。
- ℓ.4 ⑩球技が**じょうたつ**〔　　〕する。
- ℓ.8 ⑪人の行為の**ふへんせい**〔　　〕。
- ℓ.10 ⑫文化が**じゅくせい**〔　　〕する。
- ℓ.11 ⑬**せいこう**〔　　〕な球を作る。
- ℓ.11 ⑭暮らしを**けいはつ**〔　　〕する。
- ℓ.13 ⑮窓に**すいてき**〔　　〕がつく。
- ℓ.14 ⑯流れに**けんま**〔　　〕された。
- ℓ.17 ⑰富を**ちくせき**〔　　〕する。

2 太字の漢字の読みを記しなさい。　知識・技能

p.200
- ℓ.6 ①知恵の**堆積**〔　　〕。
- ℓ.7 ②意識が**覚醒**〔　　〕する。
- ℓ.10 ③階段を**昇降**〔　　〕する。
- ℓ.13 ④**便箋**〔　　〕を買う。

p.201
- ℓ.3 ⑤結晶は**造化**〔　　〕の妙だ。
- ℓ.7 ⑥**幾何学**〔　　〕的な模様。
- ℓ.11 ⑦運動に**即応**〔　　〕する。
- ℓ.13 ⑧合理性に**立脚**〔　　〕する。
- ℓ.14 ⑨品質が**劣**〔　　〕る。

p.202
- ℓ.2 ⑩**並行**〔　　〕して進む。
- ℓ.2 ⑪物理法則の**表象**〔　　〕。
- ℓ.8 ⑫**優**〔　　〕れたデザイン。
- ℓ.13 ⑬**遠大**〔　　〕なる計画。
- ℓ.13 ⑭暮らしの**営**〔　　〕み。
- ℓ.13 ⑮反復が形を**育**〔　　〕む。
- ℓ.16 ⑯**志**〔　　〕を持つ。
- ℓ.18 ⑰経済の**勃興**〔　　〕。

語句

1 次の太字の語句の意味を調べなさい。　知識・技能

- p.200 ℓ.3 ①気づくということの中にデザインの**本意**がある。〔　　〕
- p.201 ℓ.2 ②薬の効果が**発現**する。〔　　〕
- p.202 ℓ.2 ③球体の運動は物理法則の明快な**表象**だ。〔　　〕

2 次の空欄に「不・無・未」のうち適当なものを入れなさい。

- p.200 ℓ.1 ①〔　〕意識
- p.200 ℓ.3 ②〔　〕本意
- p.201 ℓ.1 ③〔　〕自然
- p.202 ℓ.3 ④〔　〕確認
- p.202 ℓ.16 ⑤〔　〕計画

3 次の語句を使って短文を作りなさい。

- p.200 ℓ.2 ①介する〔　　〕
- p.202 ℓ.9 ②ゆえん〔　　〕

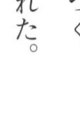

論理の把握

1 空欄に本文中の語句を入れて、内容を整理しなさい。　思考力・判断力・表現力

第一段落（初め～p.200 ℓ.8）	第二段落（p.200 ℓ.9～p.201 ℓ.15）	第三段落（p.201 ℓ.16～p.202 ℓ.12）		第四段落（p.202 ℓ.13～終わり）
筆者の主張	根拠①・②	根拠③	筆者の主張	結論
主張　デザインとは何か ・物の形を生み出すだけの思想ではなく、物を介して暮らしや環境の〔ア　〕を考える生活の思想でもある。 ・作ることと同様に、人間が生きている環境の中から〔イ　〕ことの中にも、〔ウ　〕がある。	根拠①　四角い形のデザイン 手を用いて葉を折ることで、身近な環境から直線と〔エ　〕を発見することができた。 ← 四角は最も身近な〔オ　〕あるいは幾何学原理→多様な四角いデザイン 根拠②　円形のデザイン 二本の手が〔カ　〕という運動に即応して探り当てた。 根拠①、②より 簡潔な〔キ　〕＝四角と円 →人間と世界の関係の中に〔ク　〕に立脚した知恵の集積を築いていく基本	根拠③　丸い形のデザイン 球技の技能の上達のために、〔ケ　〕に近いボールを生み出す技術精度が向上した。	主張　デザインが人の行為の本質に寄り添っていないと暮らしも文化も〔コ　〕していかない。	結論　速度と変化を同時に突きつけてくる〔サ　〕の中でのデザインとは ・〔シ　〕を持って形を作り環境をなすこと ・〔ス　〕を目ざすだけでは得られない豊かさを作ること

要旨

1 空欄に本文中の語句を入れて、全体の要旨を整理しなさい。　思考力・判断力・表現力

デザインとは生み出すだけの思想ではなく、暮らしや〔ア　〕の本質を考える生活の思想でもあるため、気づくことの中にもデザインの〔イ　〕がある。優れたデザインは人の行為の〔ウ　〕を表象しており、デザイナーたちは〔エ　〕を啓発する物の形を探求してきた。近代社会の成立とともに人々が生み出した、〔オ　〕を持って形を作り環境をなすという着想こそがデザインであり、〔カ　〕の勃興を目ざすだけでは得られない豊かさを作るということである。

2 右を参考にして、要旨を百字以内にまとめなさい。

内容の理解

思考力・判断力・表現力

第一段落（初め～p.200 ℓ.8）

1 筆者の考える「デザイン」（二〇〇・1）とはどのようなものか。第一段落の中から二十五字以内で抜き出しなさい。

2「デザインの本意」（二〇〇・3）と同じ意味の表現を、第一段落の中から八字で抜き出しなさい。

3「気づくということの中にもデザインの本意がある。」（二〇〇・3）について、次の問いに答えなさい。

(1)「気づく」とほぼ同意の表現を、本文中から六字で抜き出しなさい。

(2) 何に「気づく」のか。二十五字以内で答えなさい。

第二段落（p.200 ℓ.9～p.201 ℓ.15）

4 人間が「環境を四角くデザインした」（二〇一・1）のはなぜか。本文中の語句を用いて三十五字以内で答えなさい。

第二段落（p.200 ℓ.9～p.201 ℓ.15）

5「最先端のパソコンもスマホも、そのフォルムは古典的なのだ。」（二〇一・8）というのはなぜか。次から選びなさい。

ア　直線や直角からなる四角は、二本の手を用いれば簡単に作り出せるから。

イ　四角は、人間が昔からさまざまなデザインに用いてきた身近な形だから。

ウ　人間は四角のような、比較的簡単に具体化できる形によるデザインを好むから。

エ　人間は、デザインにおいては四角にこだわり、他の形に挑戦することを好まないから。

〔　　〕

6「円もまた、人間が好きな形の一つである。」（二〇一・9）とあるが、筆者はその理由をどのように考えているか。本文中の語句を用いて三十字以内で説明しなさい。

第三段落（p.201 ℓ.16～p.202 ℓ.12）

7「近代科学の発達と球技の発達は並行して進んできた」（二〇二・1）とはどういうことか。次から選びなさい。

ア　人が自然の秩序や法則を知ったことから、ボールのリアクションも一定となったということ。

イ　球体の運動は物理法則の表象だと知って、人は球技を楽しむようになったということ。

ウ　完全な球体に近いボールがあって初めて、人は球技をするようになったということ。

エ　人は、発見した物理法則を、球体の運動である球技をすることで再確認してきたということ。

〔　　〕

第三段落（p.201 ℓ.16〜p.202 ℓ.12）

8 **「ボールが丸くないと、球技の上達は起こり得ない」**（二〇二・3）**とあるが、そのように言えるのはなぜか。解答欄の形式に合うように、本文中の語句を用いて三十字以内で説明しなさい。**

完全な球体でないと

9 **「優れたデザインは人の行為の普遍性を表象している。」**（二〇二・8）**とはどのようなことか。次から選びなさい。**

ア　美しいデザインは、どんな時代のどの国の人からも「美しい」と認められるということ。

イ　優れたデザインとは暮らしや文化を熟成させる力を持つような、人の行為の本質に寄り添ったものであること。

ウ　デザインを突き詰めていくと、誰がどのように取り組んでも同じデザインにたどり着くこと。

エ　優れたデザインは、表面的には違っても本質的にはすべて同じであること。

〔　　〕

10 **「形を見いだそうと努力する」**（二〇二・11）**とあるが、ここでの「形」とはどのようなもののことを言っているか。本文中から十五字以内で抜き出しなさい。**

11 **「水流に身を任せて」**（二〇二・14）**とはどのようなことをたとえたものか。次から選びなさい。**

ア　近代科学の発展に逆らわずに、ということ。

イ　暮らしの営みの反復に委ねて、ということ。

ウ　暮らしや文化の熟成に合わせて、ということ。

エ　デザイナーの努力に任せて、ということ。

〔　　〕

第四段落（p.202 ℓ.13〜終わり）

12 新傾向 **「暮らしの営みの反復が形を育む」**（二〇二・13）**について、国語の授業中にグループのメンバーで話し合いをしている。空欄にあてはまる語句を、本文中から二十字で抜き出しなさい。**

生徒A：本文の「暮らしの営みの反復が形を育む」という表現が私にはうまく理解できなかったのだけれど、みんなはどう？

生徒B：確かにわかりにくい表現だよね。私もうまく理解しているわけではないけれど、抽象化されている部分を具体化して理解すればいいと思うよ。具体的には、日々の暮らしを大切にすることを伝えようとしているのではないかな。

生徒C：私もBさんと同じように具体化することに賛成です。でも、Bさんの説明はもっと具体化できると思うよ。「反復が形を育む」という部分の説明が足りないんじゃないかな。この部分のあとにある「〔　　〕」が言い換えになっていると思うんだけど。

生徒D：つまり、わかりやすく言い換えると、日々の暮らしを営む中から物の必然的な形が生み出されるということだね。

生徒A：なるほど。そう考えればいいんだね。

13 **筆者はデザインをどのように結論づけているか。第四段落の中から十六字で抜き出しなさい。**

学習目標　本文の内容や論理の展開を捉え、筆者の主張について理解する。

「動機の語彙論」という視点（鈴木智之）

教科書p.204～p.208

検印

漢字　知識・技能

1 太字の仮名を漢字に直しなさい。

p.204 ℓ.5	① **じょうしき**〔　　〕的に考える。
p.204 ℓ.7	② 変化の**かてい**〔　　〕を見る。
p.204 ℓ.9	③ 動機が**けいせい**〔　　〕される。
p.204 ℓ.12	④ 当時の思いを**そうき**〔　　〕する。
p.204 ℓ.12	⑤ 課題を**ていじ**〔　　〕する。
p.205 ℓ.10	⑥ 講義を**じゅこう**〔　　〕する。
p.205 ℓ.17	⑦ 異なる**かいしゃく**〔　　〕をする。
p.205 ℓ.18	⑧ 事情を**こうりょ**〔　　〕する。
p.205 ℓ.18	⑨ **しゅうしょく**〔　　〕活動をする。
p.206 ℓ.6	⑩ 問題を**にんしき**〔　　〕する。
p.206 ℓ.8	⑪ 理由を**すいさつ**〔　　〕する。
p.206 ℓ.13	⑫ **しょうてん**〔　　〕を当てる。
p.207 ℓ.3	⑬ 裕福な**しさんか**〔　　〕。
p.207 ℓ.3	⑭ **けいざい**〔　　〕学を学ぶ。
p.207 ℓ.9	⑮ **ふくすう**〔　　〕の回答がある。
p.207 ℓ.14	⑯ 語彙を**しゅうとく**〔　　〕する。
p.207 ℓ.17	⑰ 工場に**どういん**〔　　〕される。

2 太字の漢字の読みを記しなさい。

p.204 ℓ.1	① **行為**〔　　〕の動機。
p.204 ℓ.2	② **導**〔　　〕いてくれた。
p.204 ℓ.3	③ 何らかの**意図**〔　　〕がある。
p.204 ℓ.8	④ 事情を**了解**〔　　〕する。
p.204 ℓ.10	⑤ 不正が**発覚**〔　　〕する。
p.204 ℓ.12	⑥ 一年**留年**〔　　〕する。
p.205 ℓ.2	⑦ 考えが**不都合**〔　　〕だ。
p.205 ℓ.6	⑧ 朝起きて歯を**磨**〔　　〕く。
p.205 ℓ.6	⑨ **挨拶**〔　　〕を交わす。
p.206 ℓ.1	⑩ **虚心**〔　　〕に見つめる。
p.206 ℓ.2	⑪ 他人に**評価**〔　　〕される。
p.206 ℓ.4	⑫ 意見を**表明**〔　　〕する。
p.206 ℓ.11	⑬ 心に根ざした**源泉**〔　　〕。
p.206 ℓ.15	⑭ **語彙**〔　　〕が少ない。
p.207 ℓ.7	⑮ **目前**〔　　〕の状況。
p.207 ℓ.8	⑯ **好**〔　　〕ましい性格。
p.207 ℓ.14	⑰ ポイントを**付与**〔　　〕する。

語句　知識・技能

1 次の太字の語句の意味を調べなさい。

頁・行	問題
p.204 ℓ.1	① 行為の**動機**を理解する。〔　　〕
p.206 ℓ.11	② 心理状態に**根ざす**。〔　　〕
p.206 ℓ.11	③ 行為の**源泉**である。〔　　〕

2 次の語の対義語を答えなさい。

頁・行	問題
p.204 ℓ.2	① 客観↔〔　　〕
p.205 ℓ.17	② 事後↔〔　　〕
p.206 ℓ.6	③ 明示↔〔　　〕
p.206 ℓ.12	④ 共有↔〔　　〕

3 次の語句を使って短文を作りなさい。

頁・行	問題
p.204 ℓ.7	① 想定する〔　　〕
p.207 ℓ.18	② 先取り〔　　〕

論理の把握

1 空欄に本文中の語句を入れて、内容を整理しなさい。 思考力・判断力・表現力

第一段落 （初め〜p.204 ℓ.9）	第二段落 （p.204 ℓ.10〜p.205 ℓ.4）	第三段落 （p.205 ℓ.5〜p.206 ℓ.10）	第四段落 （p.206 ℓ.11〜p.206 ℓ.15）	第五段落 （p.206 ℓ.16〜終わり）
問題提起と一般論	一般論の具体化	反論と筆者の主張	筆者の主張	結論
社会現象の解明を目ざすとき…行為の〔ア　　〕を理解する作業が必要 動機…どこにあって→行為者の〔イ　　〕 …どのように形作られているのか→行為に〔ウ　　〕存在し、それに基づいて行為がなされ、事後または〔エ　　〕に動機が解釈され理解される	具体例　試験で学生の〔オ　　〕が発覚した場合の例 →動機がこの学生の〔カ　　〕にあって、それが導いた＝一般的な想定	反論　①反復的行為・反射的行為・思いつき行為の場合 ②行為の時点で明確な動機が不明の場合 ③初めから他者に〔キ　　〕してもらえるかを考慮する場合 反論から導き出される、動機と行為の関係＝筆者の主張① ・動機はすべての行為について〔ク　　〕に問われるわけではない ・動機は必ずしも行為に先立って行為者の〔ケ　　〕にあるわけではない ・動機は〔コ　　〕または〔サ　　〕によって後から理由が推察されることもある 動機表現と動機理解の関係＝筆者の主張② ・動機は人に伝えることができ、〔シ　　〕され得るものでなければならない	・動機は、〔ス　　〕の行為の源泉であるだけでなく、行為の理由についての「〔セ　　〕と共有されるべき説明」＝筆者の主張③ ⇩「適切な動機」を言い表すために使われるのが「〔ソ　　〕」	・動機…互いの行為を提示し合い、〔タ　　〕し合っていく中で組織される ← 結論　「動機の語彙」の習得＝〔チ　　〕の反応の学習という一面を持つ

要旨

1 空欄に本文中の語句を入れて、全体の要旨を整理しなさい。 思考力・判断力・表現力

社会現象を解明するとき、〔ア　　〕を理解する作業が必要になる。動機はあらかじめ行為者の〔イ　　〕の中に存在すると想定されている。しかし、それだけではなく、他人に〔ウ　　〕してもらえるように行為の理由を考えることもある。つまり、〔エ　　〕を学習し、使いこなしている。動機は閉ざされた〔オ　　〕の中にあるのではなく、人々の関係性の中で組織される。「動機の語彙」の習得には〔カ　　〕の学習という一面もある。

2 右を参考にして、要旨を百字以内にまとめなさい。

内容の理解

思考力・判断力・表現力

第一段落（初め〜p.204 ℓ.9）

1 「私たちは行為の動機を理解するという作業を欠かすことができない。」（二〇四・1）とあるが、それはなぜか。次の文の空欄にあてはまる語句を、解答欄に合うように本文中から抜き出して答えなさい。

人間の行為が〔　①　〕から〔　②　〕へと導かれるものではなく、〔　③　〕によって引き起こされるものと見なされているから。

①

②

③

2 「『動機』とは一体何だろうか。それはどこにあって、どのように形作られているのだろうか。」（二〇四・5）について、次の問いに答えなさい。

(1) 本文で「常識的」と考えられている「動機」の定義を、本文中の言葉を用いて四十字以内で説明しなさい。

(2) (1)をふまえると、動機を理解するとはどのような過程か、本文中から四十八字で抜き出し、初めと終わりの五字で答えなさい。

〜

第二段落

3 「そのように見える場面」（二〇四・10）とあるが、「そのように」の指示内容を本文中から五十字以内で抜き出し、始めと終わりの五字で答えなさい。

〜

第二段落（p.204 ℓ.10〜p.205 ℓ.4）

4 「一般に想定される『動機』と『行為』の関係」（二〇五・3）の説明として適切なものを、次から選びなさい。

ア　ある行為をするに至った動機は、いつ誰から問われても大丈夫なように行為を行う前に完璧に準備しておくべきである。

イ　ある行為をするに至った動機は、行為の前に考えたり、行為の後に考えたりするので両者の関係に一貫性はない。

ウ　ある行為をするに至った動機は、不正が発覚した際に言い訳できるようにあやふやな状態にしておくのがよい。

エ　ある行為をするに至った動機は、あらかじめ心の中にあり、行為の前もしくは事後的に振り返って言語化される。

〔　　〕

5 新傾向 「そういう行動」（二〇五・10）にあてはまらないものを次から選びなさい。

ア　火にかかっている鍋のふちに手が触れて、思わず引っ込める。

イ　廊下ですれ違った先生に会釈をする。

ウ　朝、起きて顔を洗う。

エ　好きな歌手のコンサートのチケットを買うために並ぶ。

〔　　〕

第三段落（p.205 ℓ.5〜p.206 ℓ.10）

6 「なぜこの会社に入りたいのかを自問するだけでは十分ではない。」（二〇六・1）とあるが、なぜ「十分ではない」のか。解答欄の形式に合うように、本文中から二十字程度で抜き出して答えなさい。

を考える必要があるから。

7 「他者に向けて表明される動機」（二〇六・4）にはどのような特徴があるか。第三段落中から十一字で抜き出しなさい。

第四段落（p.206 ℓ.11〜p.206 ℓ.15）

8 **「動機の語彙」**（二〇六・15）**について説明したものとして適切なものを次から選びなさい。**

ア　動機は、他者の影響を強く受けるものであり、社会のほかのメンバーに理解してもらう必要があるので、できる限り平易な言葉で表現する必要がある。

イ　動機は、単に本人だけでなく、社会における他のメンバーも理解できるものとして言語化され伝えられる必要があるため、適切に言い表せるような言語表現のレパートリーが必要となる。

ウ　動機は、表現方法と密接に結びついているため、他のメンバーと積極的に交流する中で、互いに理解をしていくのに必要な言語表現のレパートリーを習得することができる。

エ　動機は、今の日本社会では重要視されておらず、自分が行った行為に対して後から説明することができれば十分であるので、最低限の言語レパートリーがあればよい。

〔　　〕

第五段落（p.206 ℓ.16〜終わり）

9 **「それをすんなり理解できる人はほとんどいないだろう。」**（二〇七・5）**とあるが、なぜ理解できる人がほとんどいないのか。解答欄の形式に合うように、本文中から二十一字で抜き出して答えなさい。**

［　　　　　　　　　　　　　　　　　　　　　］ていないから。

10 **「動機の適切性の感覚」**（二〇七・9）**について説明した次の文の空欄にあてはまる語句を、本文中から抜き出して答えなさい。**

目前の状況とそこでなされる〔　①　〕について、どのような〔　②　〕を用いればその理由が〔　③　〕と思われたり、〔　④　〕されなかったりするのかを判断する感覚。

①［　　］　②［　　］　③［　　］　④［　　］

第五段落（p.206 ℓ.16〜終わり）

11 **「ある行為の動機が人に伝わるかどうか、……先取り的に判断されているのである。」**（二〇七・17〜18）**とはどういうことか。次から選びなさい。**

ア　ある行為をする動機をどういう言葉で説明すれば受け入れられるかは、あらかじめ予測されているということ。

イ　ある行為をする動機が人からよく理解されるように、日ごろからよい行いをしておくということ。

ウ　ある行為をする動機を説明するためには、世の中の法律から外れないようにすることが何よりも大切であるということ。

エ　ある行為をする動機を多くの人に理解してもらうためには、一般的なスピードよりも早く発言する必要があるということ。

〔　　〕

全体

12 新傾向 **本文について、生徒が話し合いをしている。本文の内容に合致していない発言をしている生徒を次から選びなさい。**

生徒A：「なぜこの会社に入りたいかを自問するだけでは十分ではない」とあるから、自分が就職試験を受けるときにも、面接官に理解してもらえる適切な志望動機を考えないといけないね。

生徒B：「僕は昨日からずっとおなかがすいています。だから僕と結婚してください。」というプロポーズは、結婚という行為と理由との関係が明確でないから世界中どこでも理解されないよ。

生徒C：行為の理由を伝えるときの「その場にふさわしい、人にわかってもらえるような言葉」は、他の人がどのように受け取るかを想像したり、観察したりしないと使えるようにならないよ。

生徒D：私たちは「動機の語彙」を、結婚したい相手や就職したい会社の人だけでなく、広く周囲の人に理解してもらうために身につけているんだね。

生徒〔　　〕

学習目標 相手・目的・場面に応じた表現方法を学ぶ。

話して伝える
——話し方の工夫・待遇表現

教科書p.210〜p.215・p.274〜p.275

検印

話し方の工夫　知識・技能

1 **次の文章は、生徒が職員室で先生に放課後の補習を休みたいと申し出ている場面である。空欄①〜③に入る適切な表現を選び、記号で答えなさい。**

生徒「先生、〔　①　〕」
先生「どうした。」
生徒「〔　②　〕」
先生「そうか、それならしかたがないな、休んでいいよ。」
生徒「〔　③　〕」

① **ア** ちょっといい?
イ お願いです。
ウ 今お時間よろしいですか。　〔　　〕

② **ア** 明日、どうしても補習を休まないといけないんですけどいいですか。お願いです。
イ 明日、家で大事な用事があるので、補習をお休みさせていただきたいと思います。
ウ 明日、家の用事があるんで、補習出るの無理だから。　〔　　〕

③ **ア** ありがとうございます。じゃ、あさってからまたよろしくです。
イ やったあ。先生、ありがとう。
ウ ありがとうございます。あさってからまた頑張ります。　〔　　〕

2 **次の傍線部は話し言葉である。それぞれ書き言葉に改めなさい。**

① 埼玉県熊谷市は日本一暑い市だって聞いている。　〔　　〕
② 毎日ちゃんと勉強しよう。　〔　　〕
③ 日々、習い事とかに追われています。　〔　　〕
④ でも、やっぱり英語で話せるようになりたい。　〔　　〕
⑤ 約束は守らなきゃいけない。　〔　　〕

3 **次の文章は、全校生徒に向けて活動報告を行うための原稿の一部であるが、不適切な表現が四箇所ある。例にならって、不適切な部分に傍線を引いて解答欄に抜き出し、修正しなさい。**

例　それは間違いじゃないかと思いました。　〔　じゃ　〕→〔　では　〕

私たちはSDGsについて学習しました。まずSDGsとは何か、ということを、ネットで調べて整理しました。そのうえで、各自が興味を持ってるテーマについて、身近な問題から取り上げつつ、解決策なんかを考えました。すごく難しいテーマでしたが、みんなで協力してまとめることができました。

〔　　〕→〔　　〕
〔　　〕→〔　　〕
〔　　〕→〔　　〕
〔　　〕→〔　　〕

待遇表現

知識・技能

1 次の傍線部の敬語の種類を選び、記号で答えなさい。

① 辞書はこちらにございます。〔　　〕
② そのご意見はごもっともです。〔　　〕
③ 貴重な話をうかがう。〔　　〕
④ あなたのおっしゃる意味がわかりません。〔　　〕
⑤ 筆記用具は弊社でご用意いたします。〔　　〕
⑥ はじめまして。わたくしは鈴木と申します。〔　　〕

ア 尊敬語　イ 謙譲語　ウ 丁重語　エ 丁寧語　オ 美化語

2 次の言葉を〈　〉内の敬語に書き改めなさい。

① 食べる〈尊敬語〉〔　　〕
② 見る〈謙譲語〉〔　　〕
③ 買い物〈美化語〉〔　　〕
④ する〈尊敬語〉〔　　〕
⑤ 知る〈謙譲語〉〔　　〕
⑥ 寝る〈尊敬語〉〔　　〕

3 次の各文の敬語表現に不適切な箇所があれば線を引き、修正したものを解答欄に書きなさい。直す必要のない場合は○を書きなさい。

① 先生が申されたことを、私はノートに書き留めた。〔　　〕
② あなたはもう夕食をいただきましたか。〔　　〕
③ お母さんが、先生にお目にかかりたいと申しておりました。〔　　〕
④ 忘れ物をいたしませんよう、お気をつけください。〔　　〕
⑤ あなたは先日先生にお会いになりましたか。〔　　〕
⑥ 理事長は五時にこちらにいらっしゃられるはずです。〔　　〕

4 次の各文を、［　］内の状況に合うように修正しなさい。

① もうお手紙を書きましたか。［生徒が校長先生に対して］
〔　　〕
② その話は私も社長から聞いています。［部下が上司に対して］
〔　　〕
③ 明日、発表会に来てくれるんですか。［習い事の先生に対して］
〔　　〕
④ ご記入いただいたアンケートを見ました。［店員が客に対して］
〔　　〕

学習目標　表記・表現の基本ルールを理解する。

書いて伝える①
―表記・表現の基本ルール

教科書 p.242～p.243

検印

表記　知識・技能

1 次の各文の傍線部を、適切な表記に修正しなさい。

① 交番で聞いたとうりに歩いたが、迷ってしまった。〔　　〕

② 中学生のときよりも成績が上った。〔　　〕

③ 彼は情報工学研究の第1人者だ。〔　　〕

④ 今日は休んでしまいましたが、明日は必らず行きます。〔　　〕

2 次の各文について、例にならって、表記の誤っている部分に傍線を引き、修正しなさい。

例 庭でこうろぎが鳴いている。〔こおろぎ〕

① みんなに二つづつお菓子を配る。〔　　〕

② 「こんにちわ」と言った途端に石につまずいた。〔　　〕

③ けがのため、大会出場は諦めざるおえない。〔　　〕

④ 母のゆうとおり、午後から雪が降ってきた。〔　　〕

3 次のひらがなを漢字と送り仮名に改めたものとして正しいものを選び、記号で答えなさい。

① あやうい（ア 危い　イ 危うい　ウ 危やうい）〔　〕

② くやしい（ア 悔い　イ 悔しい　ウ 悔やしい）〔　〕

③ おちいる（ア 陥る　イ 陥いる　ウ 陥ちいる）〔　〕

④ みずから（ア 自ら　イ 自から　ウ 自ずから）〔　〕

⑤ あたらしい（ア 新い　イ 新しい　ウ 新らしい）〔　〕

⑥ はたらき（ア 働き　イ 働らき　ウ 働たらき）〔　〕

⑦ ほがらかな（ア 朗な　イ 朗かな　ウ 朗らかな）〔　〕

4 次の各文の傍線部を、適切な表記に修正しなさい。

① ここに荷物を置かさせてください。〔　　〕

② 彼は熱いお茶は飲めれない。〔　　〕

③ 間違っているから直しとく必要がある。〔　　〕

④ 今日は、あのお店は閉まってる。〔　　〕

表現

知識・技能

1 次の各文は、係り受けに問題がある文である。その理由として適当なものを次のア～オの中から選び、記号で答えなさい。さらに適切な文になるように修正し、全文を解答欄に書きなさい。

① 私の夢は、父の後を継いで農業をしようと思います。〔　〕

② 手紙を書いたり作文を書くのは好きだ。〔　〕

③ 事故の知らせを聞いて、山本君はさぞかし驚いた。〔　〕

④ クラス全員への納得させるのは簡単ではなかった。〔　〕

⑤ 車内での化粧をするのは迷惑だ。〔　〕

ア 主述の関係の乱れ
イ 修飾・被修飾の関係の乱れ
ウ 副詞の呼応の乱れ
エ 並列関係の乱れ
オ 動詞とその周辺の助詞の間違い

2 次の各文は不適切な文になっている。正しい文になるように、傍線部を修正しなさい。

① 私の長所は物事を最後までやり遂げる。

② 一説によると、浮世絵が西洋への輸出品の緩衝材として使っていた。

③ 改革は決して容易である。

④ 彼は徹夜を続けていたため、病気の原因になった。

⑤ ここでの花火をすることは禁止されている。

⑥ 海外での日本人選手の活躍ぶりを見ると、知らず知らずのうちに勇気を与えてくれる。

3 次の各文は二通りの意味に解釈できる。例にならって二つの解釈を誤解のない表現に書き換えなさい。（語句をつけ加えたり、語順を入れ替えたりしてもよい）

例　貧しい彼の少年時代の夢は、サッカー選手になることだった。

〔今は貧しい彼の、少年時代の夢は、サッカー選手になることだった。〕

〔彼の貧しかった少年時代の夢は、サッカー選手になることだった。〕

①　重そうないくつもの鍵がついた鍵束を見つけた。

②　刑事はひそかに逃げ出した犯人を追った。

③　僕は佐藤君のように速く走れない。

④　今日の委員会は、一年生と二年生四人が欠席だ。

⑤　僕は妹に自分の部屋を片付けてほしいと言った。

4 次の各文中の（　）内に入る語として適当なものを選択肢から選び、記号で答えなさい。

①　たとえ夜遅くなったとし（ア　ても　イ　たら　ウ　ないで）、必ず持っていく。

②　まさか優勝候補が予選落ちなどということはない（ア　かもしれない　イ　のである　ウ　だろう）。

③　本当に起こった出来事とはとうてい信じられ（ア　る　イ　ない　ウ　そうだ）。

④　どうぞお好きなものを召し上がって（ア　ください　イ　はいけません　ウ　みます）。

⑤　あたかも自分が見つけたかの（ア　である　イ　ものだ　ウ　ようだ）。

⑥　有名人の彼とぜひとも友達になり（ア　そうだ　イ　たい　ウ　かねない）。

5 次の文章を、常体の書き言葉に改めて解答欄に書きなさい。

地球には不思議な生物がすんでいます。こう聞くと雪男やツチノコなんかを想像しがちですが、それは人間の世界から考えて不思議なだけで、生物学的にはそんなに奇怪なことじゃありません。

書いて伝える②
—接続表現

教科書p.244～p.245

検印

表現　知識・技能

1 次の各文の空欄に、接続表現を補いなさい。

① 氷は水より密度が小さい。［　　］、氷は水の上に浮く。
② 砂漠化は深刻な問題だ。［　　］、日本ではあまり議論されない。
③ 彼は勇敢なのか。［　　］、単に無鉄砲なだけなのか。
④ 彼はお金を貯《た》めている。［　　］、一年後に留学したいからだ。
⑤ この件は以上です。［　　］、次の議題に移りましょう。

①［　　］　②［　　］　③［　　］
④［　　］　⑤［　　］

2 次の文を並び替えて意味の通る文章にしなさい。

ア しかし、これらの資源は無限には存在しない。
イ では、その新しいエネルギー源を何に求めればよいのだろうか。
ウ もちろん、これらがすぐ現在の地下資源エネルギーに取って代わることができるわけではない。
エ 現在、私たち人間は石油や石炭などの地下資源を活用してエネルギーを得ている。
オ したがって人類はいずれ訪れる資源の枯渇に備え、新しいエネルギー源を探さねばならない。
カ たとえば風力、太陽、地熱などの活用が考えられる。
キ つまり、使えばなくなってしまうものなのである。
ク だが、百年、二百年先のことを考えれば今すぐとりかからなければならない。

［　］→［　］→［　］→［　］→［　］→［　］→［　］→［　］

［　］→［　］→［　］→［　］→［　］→［　］→［　］→［　］

3 次のA～Dの文が意味の通る文章になるようにB～Dを並べ替え、さらに空欄①～③に入る適切な接続表現を、それぞれ補いなさい。

1
A 植物は自分で動いて食べ物を手に入れることはできない。
B ［①］、私たちは植物を大切にしなくてはならない。
C ［②］、その過程で酸素を作り出してもくれるのだ。
D ［③］、光合成によって体内で栄養分を作ることができる。

A→［　］→［　］→［　］

①［　　］　②［　　］　③［　　］

2
A 今年の夏は猛暑だと言われている。
B ［①］、我々も今から節水を心掛けよう。
C ［②］、今年は梅雨にあまり雨が降らなかった。
D ［③］、水不足が懸念されている。

A→［　］→［　］→［　］

①［　　］　②［　　］　③［　　］

3
A 日本人は近代になって洋服を着ることが一般的になった。
B ［①］、最近では若者の間で再び着物の人気が高まっている。
C ［②］、伝統文化が新しい流行として復活したと言えよう。
D ［③］、彼らは着物を目新しいファッションとして見ているからだ。

A→［　］→［　］→［　］

①［　　］　②［　　］　③［　　］

4 次の四つの文を、あとの指示に従って二文にまとめなさい。（必要に応じて順番や文末などを変えてよい）

A　レオナルド・ダ・ヴィンチは天才だと言われた。
B　絵画のみならず設計・発明も手がけた。
C　下書きや未完の作品が多い。
D　彼には飽き性という欠点があった。

(1) A・BとC・Dの二文に分け、二文目冒頭に「しかし」を使う。

〔　　　〕

(2) A・B・CとDの二文に分け、二文目冒頭に「なぜなら」を使う。

〔　　　〕

5 次の二つの文を、（　）内の接続表現を用いて一つの文にまとめなさい。

①「夏休みに猛勉強をした。」
「第一志望の大学に合格した。」（順接）

〔　　　〕

②「月は衛星なので、自ら光を発しない。」
「太陽光が月を照らすので、明るく輝く。」（逆接）

〔　　　〕

6 次の各文の因果関係が成立する状況として適切なものを、あとのア～ウからそれぞれ選び、記号で答えなさい。

① 彼は球技が苦手だ。だから高校に入学したら野球部に入部するそうだ。
ア　彼は球技をするのが好きではない。
イ　彼の入学する高校では、何か一つ「苦手を克服する」取り組みをしないといけない決まりになっている。
ウ　彼が入学予定の高校には、球技の部活動が多く存在する。

〔　　　〕

② 明日の天気予報は雨だ。しかし、マラソン大会は中止だろう。
ア　明日のマラソン大会は、雨でも決行する予定だった。
イ　明日のマラソン大会は、雨の場合には中止する予定だった。
ウ　明日は晴れているときだけ、マラソン大会を開催する予定だった。

〔　　　〕

7 次の文章の空欄に入る適切な語句を、直前にある接続表現に注意してア～ウからそれぞれ選び、記号で答えなさい。

① グアムは晴れた空のイメージが強いが、実は雨季の降水量は非常に多い。たとえば私は雨季のグアムに五回行ったことがあるが、〔　①　〕。
ア　一日中雨が降らなかった日は一度もない。
イ　ショッピングが大好きなので、いつもお店に出かけている。
ウ　波が高く、シュノーケリングができない日が多かった。

〔　　　〕

② グアムの雨は日本の梅雨と大きく異なる。日本の梅雨の場合、雨が長時間降り続くことが多い。一方、グアムの雨季は、〔　②　〕。
ア　とにかくたくさんの雨が降る。
イ　湿度が高く、日本と同様、あまり快適な気候とは言えない。
ウ　雨量こそ多いが、短時間で止み、すぐに晴れることも多い。

〔　　　〕

学習目標　比喩や例示など、文の印象を変える表現上の工夫について学ぶ。

書いて伝える③
―表現の工夫

教科書p.246～p.247

検印

表現　知識・技能

1 次のア～コの言葉の中から、外来語を三つ選び、記号で答えなさい。

ア たばこ　イ 手品　ウ うさぎ　エ 物語　オ 人間
カ 報告　キ ぶりき　ク ふるさと　ケ かるた　コ 家屋

〔　　〕〔　　〕〔　　〕

2 次の各文の傍線部を、例にならって漢語に言い換えなさい。

例 二つの文章を比べる。→二つの文章を比較する。

① ルールは守らなければならない。〔　　〕

② 夜十時には寝ましょう。〔　　〕

③ 私には二つの違いがわからない。〔　　〕

3 次の同じ意味を持つ三つの言葉は、それぞれ和語・漢語・外来語のいずれか、答えなさい。

① 1 速度　2 スピード　3 速さ

1〔　　〕2〔　　〕3〔　　〕

② 1 ウォーキング　2 歩く　3 歩行

1〔　　〕2〔　　〕3〔　　〕

4 次の各文で用いられている表現上の工夫の種類を、あとのア～キからそれぞれ選び、記号で答えなさい。

① いすに座ったまま足をぶらぶらさせる。〔　　〕
② 君の瞳はダイアモンドさ。〔　　〕
③ 今年初めて見たの。樹氷というものを。〔　　〕
④ 彼女は、あたかも病気であるような顔色をしていた。〔　　〕
⑤ 春の草原では、花たちが私にほほえんでくれる。〔　　〕
⑥ ドアをドンドンとたたく音がする。〔　　〕
⑦ あたり一面を真っ赤に染める夕陽。〔　　〕
⑧ 丸太がそこら中にごろごろしている。〔　　〕
⑨ ぺちゃくちゃおしゃべりしてはいけません。〔　　〕
⑩ 人生はマラソンだ。つらくとも立ち止まってはいけない。〔　　〕

ア 体言止め　イ 擬態語　ウ 擬音語　エ 直喩
オ 隠喩　カ 擬人法　キ 倒置法

5 次の各文の空欄にあてはまる擬態語を、あとのア～カからそれぞれ選び、記号で答えなさい。

① 〔　　〕夜が更けていく。
② 驚いて彼の顔を〔　　〕見つめた。
③ 終わったことを〔　　〕言い続けるのはやめよう。
④ 彼女はこの試合にかけた思いを〔　　〕語り続けた。
⑤ 手こずっていた問題が〔　　〕解けた。

ア くどくどと　イ するすると　ウ せつせつと
エ まじまじと　オ しんしんと　カ しらじらと

解説　さまざまな資料を読み解く

現代の社会生活で必要とされる国語の力を身につけるために、「現代の国語」で学習するさまざまな形式の文章の特徴や着眼点を整理しておこう。

実用的な文章

「実用的な文章」とは、一般的には、実社会において、具体的な何かの目的やねらいを達成するために書かれた文章のことであり、次のようなものがある。

・新聞や広報誌など報道や広報の文章
・案内、紹介、連絡、依頼などの文章
・手紙
・会議や裁判などの記録
・報告書、説明書、企画書、提案書などの実務的な文章
・法令文
・キャッチフレーズ、宣伝の文章

このほか、インターネット上のさまざまな文章や、電子メールの多くも、実用的な文章の一種と考えることができる。

実用的な文章の特徴として、読まれる相手やその文章が書かれた目的が明確であることがあげられる。その文章が誰に向けて、どのような目的で書かれたものかをつかんでおくと、内容を把握しやすくなる。

実用的な文章は、説明文や評論文といった論理的な文章に比べると、書かれている内容が平易で具体的であることが多い。しかし、一つの文章に含まれる情報量が多くなる傾向があるので、必要な情報だけを選び取って読む必要がある。どれが必要な情報でどれが不要な情報なのか、常に考えて読むようにしよう。

論理的な文章

「論理的な文章」とは、ある事象・テーマについて、筆者の問題意識や主張が展開される文章のことをさし、説明文、論説文や解説文、評論文、意見文や批評文などが含まれる。

論理的な文章を読む際には、「テーマは何か」「どのように論が展開されているか」「筆者の立場はどうか」といったことを捉えることが重要となってくる。

大学入試で論理的な文章が扱われる際には、一つの文章を読解するだけではなく、「複数の文章が提示される」「実用的な文章とセットで読まされる」「ごく短い文章が断片的に提示される」「文章に加えて図表などが示される」など、さまざまな形式で出題されることが想定される。このような場合にも落ち着いて対応できるように、資料で論じられている内容を的確につかんだうえで、相互に関連付けながら読む習慣を日ごろからつける必要がある。

また、最初に設問文を読むことで、問われている内容を押さえておくことができれば、長い文章を読む際の指針となることもある。

会話文

会話文とは、二名以上の人物が会話している場面を文章で示したもののことである。大学入試などで用いられる会話文は、ある文章を読んだ生徒どうしの対話や、生徒と先生の会話であることが多い。

会話文を読む際には、「登場人物」「登場人物どうしの関係性」「場面設定」を押さえることが重要となる。小説を読む際にも、誰と誰が会話をしていて、論点は何なのかを意識して読むことが重要であるが、会話文もそれと近いものがある。

【会話文の例とポイント】

生徒A：会話文が登場する問題が苦手です。どうしたらよいですか。

先　生：小説の解き方と同様に考えると、うまくいくことが多いですよ。小説では、登場人物、人物どうしの関係、場面設定をきちんと読み取ると、だいたいの内容を把握できます。それと同じように考えてみましょう。

生徒A：なるほど、評論文の読み取りの中に一部、小説の読み取りが混じっているようなイメージなんですね。

●ポイント

登場人物…先生と生徒Aの二名。

登場人物どうしの関係性…学習のやり方について、先生に気軽に質問できる関係。

場面設定…生徒Aが会話文を含んだ問題に取り組んでいる場面。

グラフ・図表

資料としてグラフや図表が提示される場合は、「極端な傾向」や「違い」に注目すると読み取りのポイントが見つかりやすい。

例としてあげた二つの資料は、ある高校が校内で実施したアンケートの結果である。資料１からは「二〇一九年は二〇一七年の同月と比較して貸出冊数が増加している月が多い」「貸出冊数が最も多いのは七月」ということが読み取れる。資料２からは「朝食を毎日食べる人は八割以上いる一方、食べない日がある生徒も二割近くいる」「朝食を食べない理由は『時間がない』『食欲がない』を合わせると七割以上になる」ということが読み取れる。

出題の中にグラフや図表が含まれる場合は、問われている内容によって、着目すべきポイントが変わってくるが、基本的には数量、率が多いところ・高いところに着目するとよい。

【グラフの例とポイント】

【資料１】図書館月間図書貸出数

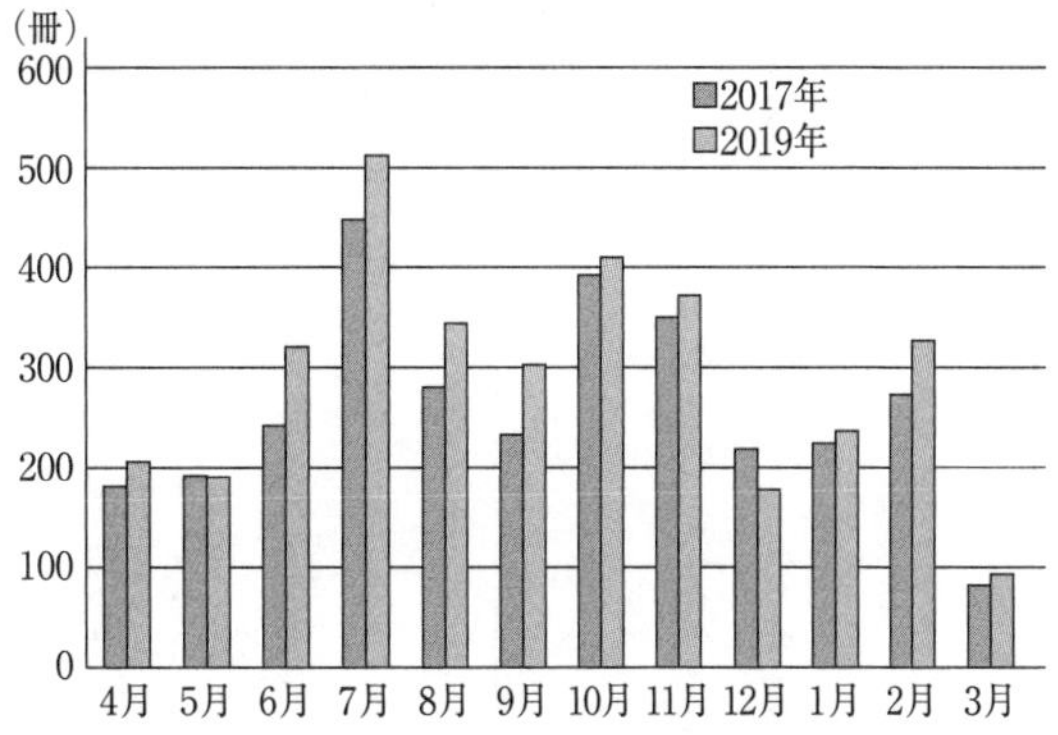

・五月と十二月を除いたすべての月で、二〇一九年の貸出冊数が二〇一七年を上回っている。

・一年間を通して見ると、七月の貸出冊数が最も多い。

【資料２】朝食を食べる頻度（左）と朝食を食べない理由（右）

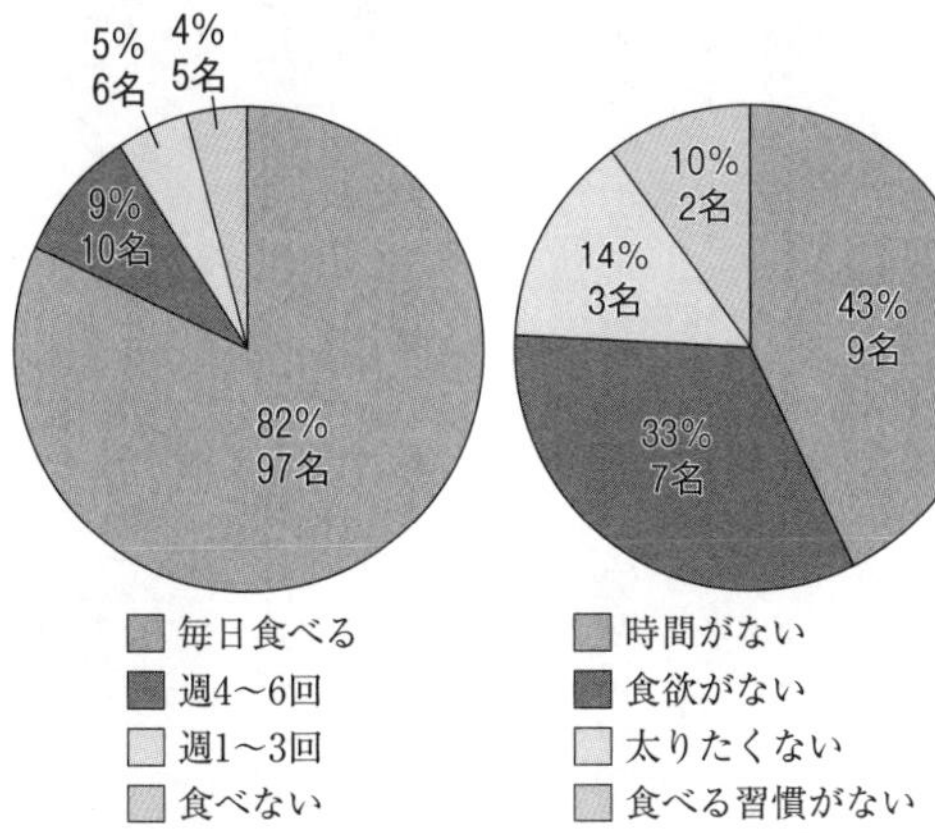

・朝食を毎日食べると回答した生徒の割合は八十二パーセントで最も多い。

・朝食を一日でも食べない日があると回答した生徒のうち、その理由を「時間がない」「食欲がない」と答えた者は計七十六パーセントである。

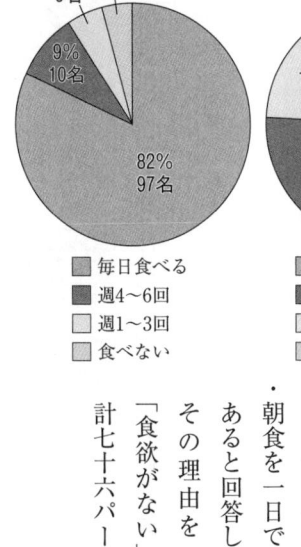

学習目標　さまざまな資料の読み方を学ぶ。

実践問題①　管理規約などを読み、ペット飼育について考える

検印

Aさんの居住しているマンションでは、条件付きでペットの飼育が認められることになった。犬を飼いたいと思ったAさんは、自宅で両親と話し合いを行った。以下はそのときの会話の様子を示したものである。これを読んで、あとの問いに答えなさい。

【会話文】

Aさん：いよいよこのマンションでもペットを飼っていいことになったんだね。犬を飼いたいな。

母：犬を飼うのは大変だと思うよ。いったいどんな犬を飼いたいの。

Aさん：ブルドッグがいいと思っているんだけど。

父：ブルドッグの成犬はどれくらいの大きさになるんだ。

Aさん：インターネットで調べてみると、「体高三十三から四十一センチメートル、体重二十五キログラム前後」と書いてある。

父：そこには体長は書いてないんだね。

母：あなたはスマートフォンで何を調べているの。

父：今回改定された、マンションの管理規約（**【資料1】**）だよ。住民向けの説明会があったけど、マンションの住民専用ウェブサイトでも閲覧できるんだ。ペットの飼育について管理規約が追加され、具体的なことはペット飼育細則で規定するらしい。これを見ると、①ブルドッグは飼えそうにない。

Aさん：残念。ブルドッグをバルコニーに放して一緒に遊ぶのが夢だったのに。

父：その夢は、もう一つの理由からもかなわないみたいだね。ペット飼育細則では［　　　　］を禁じているよ。

Aさん：えっ、どうして。このバルコニーはうちのものでしょう。

母：このバルコニーはわが家「専用」ではあるけど、いざと言う時の避難経路にも使われるから、完全にわが家だけのものとも言えないの。マンションの「専有部分」というのは、壁や床や天井に囲まれた居住空間のことを言うんだよ。

Aさん：うわあ、室内飼いということか。外に出られなかったら、犬にとってはストレスになるだろうな。キャンキャン鳴くかもしれない。

父：それでは犬がかわいそうだし、鳴き声がうるさいと住民トラブルにもつながりかねないよ。

Aさん：犬のストレス発散と運動不足解消のためには、できるだけ毎日散歩に連れて行かないといけないね。

母：その点、猫は散歩をさせなくていいから犬より飼いやすいと思うんだけど。

父：猫なら鳴き声問題も少ないかもしれないな。

母：②最近は犬より猫のほうが人気があるみたいだし、考えてみたらどうかな。

Aさん：いずれにしても、ペットを飼うことは大きな責任を伴うから、もっとよく調べたり話し合ったりする必要がありそうだね。

管理規約（抄）

第11条（ペットの飼育）　ペットを飼育する者は、ペット飼育細則を遵守しなければならない。ただし、他の居住者から苦情の申し出があり、改善勧告に従わない場合には、理事会は飼育禁止を含む措置をとることができる。

ペット飼育細則（抄）

第１条（趣旨）
管理規約第11条（ペットの飼育）に基づき、動物の飼育に関する規則を定める。

第２条（飼育できる動物の種類及び数）
1　飼育できる動物は、一専有部分につき２頭羽を限度とする。ただし、観賞用の小鳥・魚、及び小動物はこの限りではない。
2　犬及び猫は、体長（胸骨から尾骨まで）おおよそ五十センチメートル以内、体重おおよそ十キログラム以内とする。介護犬、盲導犬、聴導犬は適用を除外する。
3　小動物とは、籠や容器の中で飼育され、法律で飼育が認められているものとする。

第３条（飼育動物の把握）
1　ペットの飼育を希望する者は、申請書を理事長に提出すること。
2　ペットの飼育を承認された者は、理事会が発行する標識を各戸の玄関に貼付し、ペットを飼育していることを明示すること。
3　ペットが犬の場合には、毎年狂犬病予防注射を受け、鑑札と注射済票を犬に装着すること。

第４条（飼育方法）
1　ペットの飼育は専有部分で行い、廊下、エレベーター、エントランス、バルコニー、ポーチ、専用庭等の共用部分に放さないこと。
2　共用部分ではペットを抱きかかえるか籠や容器に入れるかして、逃走を防止するとともに、他の住居者に配慮すること。
3　ペットの鳴き声、悪臭、毛や羽、排泄《せつ》物等により、他の居住者・近隣住民に迷惑をかけないように、責任をもって管理すること。
4　ペットは清潔に保ち、疾病予防を心がけるとともに、ノミ、ダニ等の害虫の発生防止にも留意すること。
5　ペットによる事故・汚損・破損等が発生した場合、飼育者がその責任を負い、速やかに対処すること。

内容の理解

思考力・判断力・表現力

1 【資料1】を説明したものとして、適当なものを次から選びなさい。〔　　〕

ア　マンション住民に向けて、ペットを飼育する際の取り決めを示した文書。

イ　マンション住民がペット飼育について会議をした際の討議の状況や結果を記載した文書。

ウ　マンション住民に向けて、マンション内でのペット飼育に関する説明会を開催することを通知する文書。

エ　マンション住民に向けて、マンション内でペットを飼う際に注意すべき点を紹介する文書。

2 【会話文】に傍線部①「ブルドッグは飼えそうにない。」とあるが、父がそのように判断した理由を説明した次の文の空欄に入る語句を、【資料1】「ペット飼育細則」から十五字以内で抜き出しなさい。

飼育可能な犬は、〔　　〕とあるが、インターネットで調べると、ブルドッグはそれより大きくなると書かれているから。

3 【会話文】にある空欄にあてはまる言葉を、二十字以上二十五字以内で書きなさい。（句読点は含めない）

4 【会話文】に傍線部②「最近は犬より猫のほうが人気があるみたいだ」とあるが、母は次の【資料2】を見て、このような印象を持ったようである。これをふまえて、次の問いに答えなさい。

【資料2】平成30年度全国犬・猫推計飼育頭数

※一般社団法人　ペットフード協会「平成30年全国犬猫飼育実態調査」による

(1) 母は【資料2】からどのような情報を読み取ったのか、答えなさい。

〔　　〕

(2) (1)の理由を、母はどのように考えているか、「母は、〜と考えているから。」という形に合うように、三十字以内で答えなさい。

母は、

と考えているから。

実践問題②　データを読み、商品の企画を考える

検印

○○高等学校では、探究学習としてK市の観光ガイド本の企画を行うことになり、その方法を学ぶために、地元の出版社である「みやび書房」を訪問した。
○○高等学校は、日本でも有数の観光地であるK市にあり、みやび書房でも観光ガイド本を出版している。みやび書房の訪問を終えた生徒どうしの話し合いの様子を示した【会話文】と、K市の観光客に関するデータをまとめた【資料1】【資料2】を読んで、あとの問いに答えなさい。

【会話文】

生徒A：みやび書房で学んだことをふまえ<u>商品企画</u>①の話を始めようか。企業訪問のときにいただいた、二〇一一年発行の修学旅行生向けの観光ガイド本、あまり売れていないそうだね。

生徒B：すごく手間がかかっている本だという話だったよね。なぜ、売れなかったんだろう。この本って、修学旅行生向けだからか、いわゆる観光ガイド本とは内容が違うよね。たとえば、観光地周辺の飲食店の情報が書かれていないし、各観光地についても、その場所の歴史と、そこにまつわる文学が紹介されている。「歴史と文学を探る」というのが、この本のコンセプトだと言われていたね。

生徒C：担当の方の説明では、「K市を訪れる修学旅行生が減ってしまったので、売れなくなってしまった。」ということだったね。それは本当なんだろうか。

生徒A：「K市を訪れる修学旅行生数の推移」を示したグラフ（**【資料1】**）を見てみよう。

生徒B：グラフを見ると、みやび書房の分析は［　　　　］ということがわかる。

生徒C：そもそも、修学旅行生向けなのに二千円って高くないかな。

生徒A：この本は、「文字どおり足で原稿を書いている。」と言われていたよね。観光地なら、駅から徒歩で何分かかるかということも、実際に歩いてみてから書いているそうだ。そのうえでK市の歴史と文学を探るというコンセプトで編集されているらしい。手間がかかっている分、価格が上がっているのかもしれないね。

生徒B：修学旅行生がグループ研修などでK市を回るときに、この本を使って歴史と文学を勉強してもらいたいという思いで作られているということだったよね。

生徒C：それはどうかなあ。修学旅行のグループ研修は、せいぜい数時間だよ。そのためにわざわざ本を一冊買おうと思うかな。修学旅行には旅行会社が紹介パンフレットを用意してくれるし、インターネットでもいろいろ調べられるから、それで十分だと思う。

生徒A：たしかに。今の時代に売れる本を作るって大変そうだね。

生徒B：今回勉強したことを企画に生かさないとね。僕たちが企画するのは、売れる観光ガイド本だよね。まず、どういう年齢層に向けた本を作るかを決めないと。「K市を訪れる観光客の年齢層内訳」のグラフ（**【資料2】**）を見てみよう。

生徒C：これを見ると、②<u>みやび書房の本は売りにくそうだよね</u>。僕たちが売れる本を作るためには、最も観光客数の多い年齢層をターゲットに本を制作したほうがいいんじゃないかな。

生徒A：この層にアピールする本はどういったものだろう。みやび書房の修学旅行生向け観光ガイド本のどこを変えると、この層向けになるかって考えると、いい案が出るかもしれないよ。

生徒B：なるほどね。そういう観点で見たら、この層の人は、駅から自分の足で観光地まで歩くかな。

生徒C：歩くのは体力的に難しい人も多いかもしれないね。

生徒A：だとしたら、歩かない場合を考慮して、バスや鉄道、タクシーなどの情報を充実させるべきじゃないか。

生徒B：あと、この本には飲食店の情報が載っていないけれど、この層には、こういう情報も重要だよね。しかも、「量より質」の追求になるんじゃないかな。

生徒C：新しい観光ガイド本の企画の基本路線が見えてきたね。でも、こういう本はもうたくさん発行されているよ。ほかの本との差別化を図るために、みやび書房の本の、「歴史と文学を探る」というコンセプトを踏襲するといいかもしれない。今、大人の学び直しもブームになっていることだし。

生徒A：なるほど。この企画案ができたら、会社訪問のお礼の手紙の中に入れようよ。

【資料１】 修学旅行生数の推移（全国、Ｋ市）

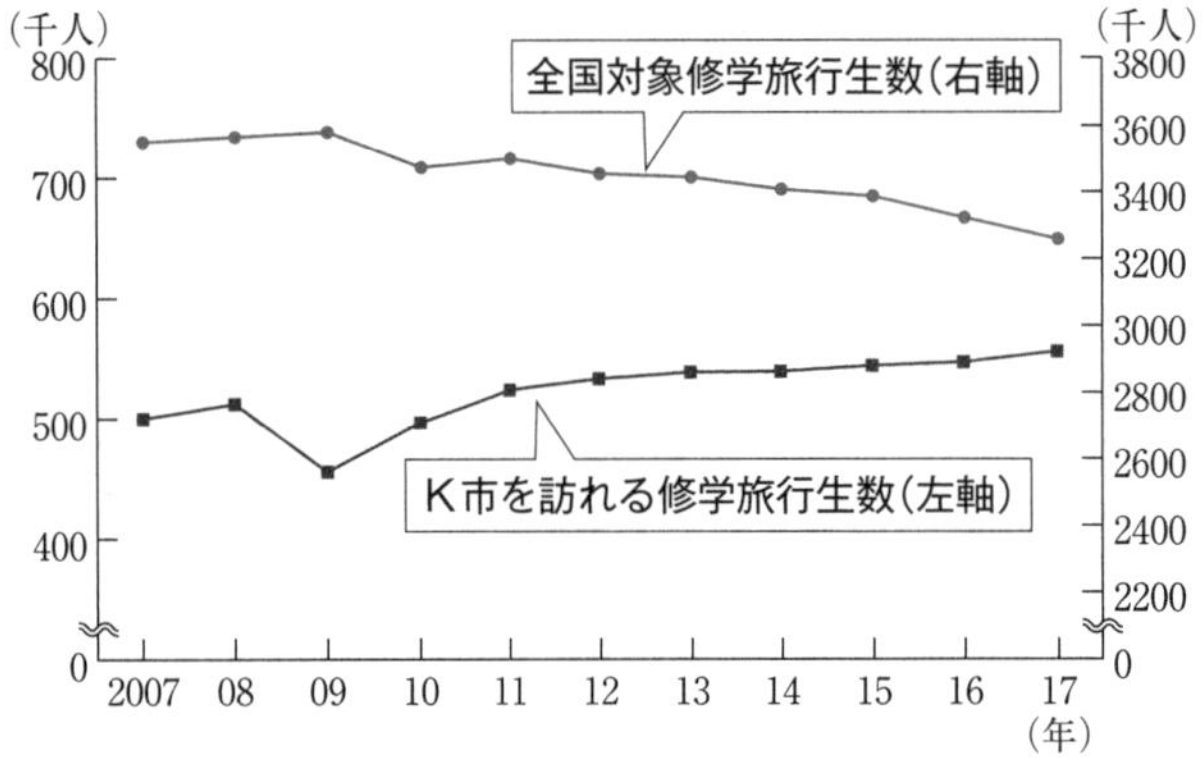

【資料２】 Ｋ市を訪れる観光客の年齢層内訳

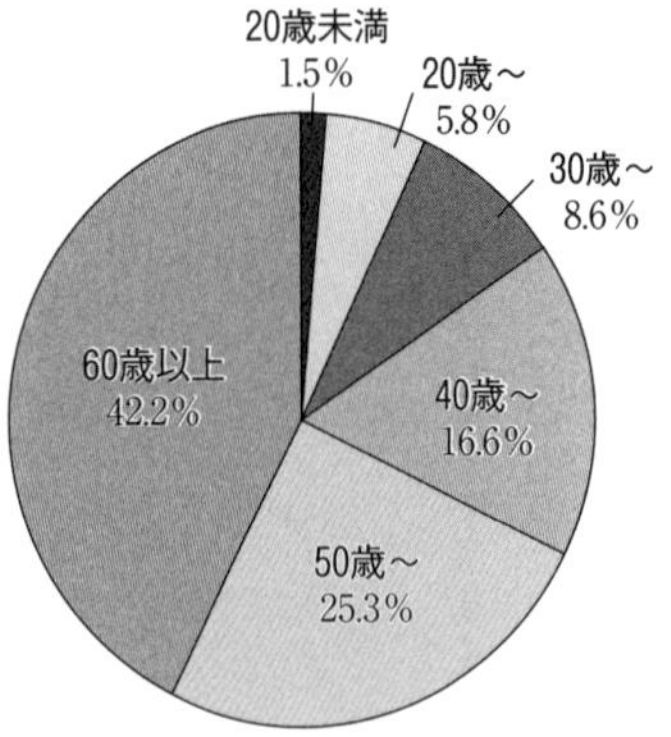

※資料１、２はいずれも第一学習社による創作。ただし資料１の「全国対象修学旅行生数」は、文部科学省「学校基本調査」による。

1【会話文】に傍線部①「商品企画」とあるが、生徒たちは何の企画を立てようとしているのか。十字以内で答えなさい。

2【会話文】の二つ目の生徒Bの発言について考えるために、次の問いに答えなさい。

(1)【資料1】からわかることをまとめた次の文章の空欄①～⑤に、「増加」「減少」のいずれかを入れて、文章を完成させなさい。

K市を訪れる修学旅行生数は、二〇〇九年に大幅な〔　①　〕をしているが、翌年すぐに〔　②　〕に転じ、その後は緩やかに〔　③　〕傾向を示している。少なくとも観光ガイド本が出版された二〇一一年以降は〔　④　〕していない。

一方、「全国対象修学旅行生数」は、二〇一一年以降一貫して〔　⑤　〕が続いており、K市の傾向は全国の傾向と反していると言うことができる。

① 〔　　〕　② 〔　　〕　③ 〔　　〕

④ 〔　　〕　⑤ 〔　　〕

(2)【会話文】の生徒Bの発言中の空欄に、「正しい」「正しくない」のうち、適当なものを入れなさい。 〔　　〕

3【会話文】に傍線部②「これを見ると、みやび書房の本は売りにくそうだよね。」とあるが、生徒Cがこのように述べた理由として最も適当なものを次から選びなさい。

ア　修学旅行生向けの本であっても飲食店の情報は必要であるのに、その情報が書かれていないから。

イ　旅行会社がK市の紹介パンフレットを用意してくれるため、修学旅行生が本を買う必要がないから。

ウ　K市を訪れる観光客の中で、修学旅行生が含まれる二十歳未満の割合が最も少ないから。

エ　「歴史と文学を探る」というコンセプトの本は、この本以外にも多数発行されているから。 〔　　〕

4 生徒たちが考えた企画の内容について、次の問いに答えなさい。

(1) 生徒たちが企画のターゲットにしたのはどの年齢層か、答えなさい。なお、年齢層はグラフの内訳に示された区分によること。 〔　　〕

(2) 生徒たちの企画の内容をまとめた次の文の空欄①・②にあてはまる語句を、①は十二字程度、②は二十字程度で答えなさい。

> コンセプト：〔　①　〕。
> 基本路線：(1)の年齢層向けに〔　②　〕の情報を充実させ、ほかの観光ガイド本との差別化を図る。

①

②